Achim Thannheiser

Beschäftigungssicherung

Handlungshilfe für Betriebsräte

AiB-Stichwort

Bund - Verlag

© 2005 by „Arbeitsrecht im Betrieb" Verlagsgesellschaft mbH
und Bund-Verlag GmbH, Frankfurt/Main

Autor: Achim Thannheiser
Druckvorstufe: Satzstudio Widdig GmbH, Köln
Druck: Toennes Druck und Medien GmbH, Düsseldorf
Printed in Germany 2005
ISBN 3-7663-2881-6

Alle Rechte vorbehalten,
insbesondere die des öffentlichen Vortrags,
der Rundfunksendung und der Fernsehausstrahlung,
der fotomechanischen Wiedergabe, auch einzelner Teile.

Inhalt

Seite

Abkürzungsverzeichnis 6
Weiterführende Literaturempfehlungen 8

1.	**Möglichkeiten im Betriebsverfassungsgesetz**	**9**
1.1	Beschäftigungssicherung nach § 92a BetrVG	11
1.1.1	Ergänzende gesetzliche Regelungen	12
1.1.2	§ 92a BetrVG im Einzelnen	13
1.1.3	Die Kraft der Betriebsräte	14
1.1.4	Individualrechtliche Folgen	15
1.2	Qualifizierung als Schutz vor Arbeitsplatzverlust	16
1.3	Rechte des Betriebsrates bei Betriebsänderungen	17
1.3.1	Information und Beratung	19
1.3.2	Interessenausgleich	20
1.3.3	Nachteilsausgleich	22
1.3.4	Sozialplan	22
1.3.5	Exkurs: Unterlassungsanspruch und andere Hilfen	24
1.4	Unterstützung durch den Aufsichtsrat	24
1.4.1	Sonderberichte	26
1.4.2	Risikomanagement	26
1.4.3	Zusätzliche Berichte	26
1.4.4	Eigene Einsichtsrechte des Aufsichtsrates	26
2.	**Unterstützung durch das SGB III**	**28**
2.1	Kurzfristige Überbrückung mit Kurzarbeitergeld	28
2.2	Förderung des Übergangs in eine neue Beschäftigung (Transferagentur)	30
2.3	Förderung von Transfer in einer betriebsorganisatorisch eigenständigen Einheit (beE)	32
2.4	Förderung von Transfer-/Qualifizierungsgesellschaften	34
2.4.1	Aufgaben einer Transfergesellschaft im Einzelnen	34
2.4.2	Gestaltung einer Transfer-/Qualifizierungsgesellschaft	36
2.4.3	Ablauf in einer Transfer-/Qualifizierungsgesellschaft	36
2.4.4	Finanzierung der Transfer-/Qualifizierungsgesellschaft	37
2.4.5	Auswahl der Beschäftigten für die Qualifizierungsgesellschaft	39
2.4.6	Qualität der Qualifizierung	40
2.5	Weitere Förderungsmöglichkeiten	41
3.	**Arbeitszeitverkürzung**	**42**
3.1	Arbeitszeitverkürzung für alle	42
3.1.1	Tarifvertrag zur Beschäftigungssicherung	43
3.1.2	Tarifvertrag zur Beschäftigungsförderung	46
3.2	Teilzeit als Hilfe zur Beschäftigungssicherung	47
3.2.1	Übersicht Ablehnungsgründe für Teilzeit	49
3.2.2	Tarifvertrag zur Teilzeit	50

3.2.3	Arbeitsplatzteilung	51
3.2.4	Teilzeit in der Elternzeit	51
3.3	Kein Lohnverzicht!	52
4.	**Altersteilzeit**	**53**
4.1	Voraussetzungen bei den Beschäftigten	54
4.2	Voraussetzungen beim Arbeitgeber	54
4.3	Förderung durch die Agentur für Arbeit	56
4.4	Formen der Altersteilzeit	56
5.	**Befristete Arbeitsverträge**	**58**
5.1	Befristung mit sachlichem Grund	59
5.2	Befristung ohne sachlichen Grund	60
5.3	Rechte der befristet Beschäftigten	60
5.3.1	Besonderer Kündigungsschutz	61
5.3.2	Kündigungsmöglichkeiten	62
5.3.3	Gerichtliche Überprüfungsmöglichkeit	62
5.4	Checklisten/Übersichten zur Befristung von Arbeitsverträgen	63
6.	**Arbeitnehmerüberlassung**	**66**
6.1	Besonderheiten der Arbeitnehmerüberlassung im Konzern	67
6.2	Erlaubnisfreiheit	67
6.3	Begriff „vorübergehend"	67
6.4	Gleichheit des Entgelts und der wesentlichen Arbeitsbedingungen	68
6.5	Individualrecht	68
7.	**Versetzungen**	**69**
7.1	Zumutbarkeitskriterien	69
7.2	Sozialauswahl	70
7.3	Mitbestimmung bei Einzelmaßnahmen	71
8.	**Kündigungsregeln**	**73**
8.1	Kündigungsarten	73
8.2	Sozialauswahl	75
8.3	Punktesystem zur Sozialauswahl	77
8.4	Namensliste	79
8.5	Aufgaben des Betriebsrates	80
9.	**Auswahlrichtlinien**	**82**
9.1	Allgemeine Grundsätze	82
9.2	Rechtsnatur	82
9.3	Inhalt der Auswahlrichtlinie	83
9.4	Weitergehende Inhalte	84
10.	**Betriebsänderung**	**86**

11.	**Interessenausgleich**	88
11.1	Allgemeine Inhalte	88
11.2	Namensliste	89
11.3	„Kraft" des Interessenausgleichs	90
11.4	Ansprüche auf Nachteilsausgleich	90
12.	**Sozialplan**	92
12.1	Sozialplaninhalte	93
12.2	Was ist ein Transfersozialplan?	94
12.3	Umsetzung sichern	94
12.3.1	Wer überwacht die Transfergesellschaft?	95
12.3.2	Was kann ein Treuhänder tun?	95
12.3.3	Den richtigen Treuhänder finden	96
12.4	Abfindungen	96
12.4.1	Berechnung nach einer Formel	97
12.4.1.1	Standardformel	97
12.4.1.2	Gestaffelte Abfindungsformel	97
12.4.1.3	Steigend und fallend	98
12.4.2	Berechnung mittels einer Tabelle	99
12.4.3	Berechnung mittels eines Punktesystems	99
12.4.4	Kombinationsverfahren	100
13.	**Regelungsbeispiele**	101
13.1	Auswahlrichtlinien	101
13.2	Stichpunkte für Qualifizierungsleistungen in Auswahlrichtlinien	103
13.3	Auswahlrichtlinie und Punkteschema	105
13.4	Stellenausschreibung	106
13.5	Zumutbarkeitsregeln	107
13.6	Struktur eines Transfer-Sozialplans	108
13.6.1	Transfergesellschaft	109
13.6.2	Transferagentur	111
13.7	Stichpunkte zur Altersteilzeit	111
13.8	Widerspruchsschreiben bei Kündigungen	115
14.	**Hilfen, Ansprechpartner, Anlaufstellen**	116

Stichwortverzeichnis ... 118

Abkürzungsverzeichnis

AA	Agentur für Arbeit (ehemals Arbeitsamt)
Abs.	Absatz
Abtlg.	Abteilung
AiB	Arbeitsrecht im Betrieb (Fachzeitschrift für Betriebsräte)
AG	Arbeitgeber/Unternehmer
AG	Aktiengesellschaft
AktG	Aktiengesetz
AP	Entscheidungssammlung zum Arbeitsrecht
Art.	Artikel
AltTZG	Gesetz zur Förderung eines gleitenden Übergangs in den Ruhestand (Altersteilzeitgesetz)
AÜG	Gesetz zur Regelung der gewerbsmäßigen Arbeitnehmerüberlassung (Arbeitnehmerüberlassungsgesetz)
BAG	Bundesarbeitsgericht
BErzGG	Gesetz zum Erziehungsgeld und zur Elternzeit (Bundeserziehungsgeldgesetz)
BetrVG	Betriebsverfassungsgesetz
BGB	Bürgerliches Gesetzbuch
BR	Betriebsrat
CF	Computer Fachwissen (Fachzeitschrift für Betriebs- und Personalräte)
CNC	Computer Numerical Control (Numerische Steuerung durch Computer)
DKK	Däubler/Kittner/Klebe (Hrsg.), Betriebsverfassungsgesetz, Kommentar für die Praxis, 9. Aufl. 2004
EDV	Elektronische Datenverarbeitung
EG	Europäische Gemeinschaft
etc.	et cetera (und so weiter)
Fitting	Fitting/Engels/Schmidt/Trebinger/Linsenmaier, Kommentar zum Betriebsverfassungsgesetz, 22. Aufl. 2004
ff.	folgende (mehrere nachfolgende Seiten)
GBR	Gesamtbetriebsrat
GdB	Grad der Behinderung
ggf.	gegebenenfalls
GmbH	Gesellschaft mit beschränkter Haftung
HGB	Handelsgesetzbuch
Hrsg.	Herausgeber
KFZ	Kraftfahrzeug
KonTraG	Gesetz zur Kontrolle und Transparenz im Unternehmensbereich
KSchG	Kündigungsschutzgesetz
KuG	Kurzarbeitergeld
mind.	mindestens
NZA	Neue Zeitschrift für Arbeitsrecht (Fachzeitschrift für Juristen)
PC	Personal Computer

Rz.	Randziffer
s.	siehe
S.	Seite
SGB III	Sozialgesetzbuch Drittes Buch
u.a.	und andere
u.s.w.	und so weiter
u.U.	unter Umständen
vgl.	vergleiche
TransPuG	Gesetz zur Kontrolle und Transparenz im Unternehmensbereich
TransferKuG	Transferkurzarbeitergeld
TzBfG	Teilzeit- und Befristungsgesetz
z.B.	zum Beispiel
zzt.	zurzeit

Weiterführende Literaturempfehlungen

Däubler/Kittner/Klebe (Hrsg.);
Betriebsverfassungsgesetz, Kommentar für die Praxis; 9. Aufl.;
Frankfurt am Main 2004

Hamm/Rupp;
Betriebsänderung – Interessenausgleich – Sozialplan;
Neuwied 1997

Hase/von Neumann-Cosel/Rupp;
Handbuch Interessenausgleich und Sozialplan; 4. Aufl.;
Frankfurt am Main 2004

Kittner/Zwanziger (Hrsg.);
Arbeitsrecht für die Praxis; 3. Aufl.;
Frankfurt am Main 2005

Thannheiser/Haag;
Betriebsänderung;
Frankfurt am Main 2003

WSI in der Hans Böckler-Stiftung;
Qualifizierung und Weiterbildung in Tarifverträgen;
Hans-Böckler-Stiftung; Düsseldorf 2000

1. Möglichkeiten im Betriebsverfassungsgesetz

Alle Beteiligten wissen längst, dass sie nicht erst tätig werden dürfen, wenn das „Kind in den Brunnen gefallen" ist, sondern bereits vorher Maßnahmen ergreifen müssen, die den Verlust von Arbeitsplätzen im Betrieb vermeiden. Dieses Ziel hatten die Tarifvertragsparteien auch im Auge als sie 1994 den **Tarifvertrag zur Beschäftigungssicherung** vereinbarten (s. Tarifvertrag zur Beschäftigungssicherung für die Beschäftigten der niedersächsischen Metallindustrie vom 5.3.1994). Neben der Fortschreibung dieses Tarifvertrages kam 1998 ein Tarifvertrag zur Beschäftigungsförderung hinzu (s. Tarifvertrag zur Beschäftigungsförderung für die Beschäftigten der niedersächsischen Metallindustrie vom 9.11.1998), der durch bestimmte Vergünstigungen die Schaffung von neuen Arbeitsplätzen erleichtern sollte.

Tarifvertrag

Auf der betrieblichen Ebene werden vielfach die tariflichen Regelungen durch Betriebsvereinbarungen und Sozialpläne ergänzt. Dabei ist das Ziel aller Regelungsvorschläge die Sicherung der vorhandenen Arbeitsplätze und die Vermeidung von Entlassungen. Zu den aus Sozialplänen und Interessenausgleichen bekannten „normalen" Maßnahmen zählen beispielsweise:

Betriebliche Regelung

- Einstellungsstopp,
- Überstundenstopp und Abbau,
- Vorziehen des Jahresurlaubs sowie
- Ermöglichen von unbezahltem Urlaub.

Hinzu kommen die auf die Unternehmen bezogenen Möglichkeiten zur kurzfristigen Überbrückung von schwierigen Zeiten wie:

- Produktion auf Halde,
- Vorziehen von internen Arbeiten (Wartung und Instandhaltung),
- Rücknahme von Fremdvergaben,
- Verzicht auf Leiharbeit und
- Erweiterung der Produktpalette.

Darüber hinaus zu nutzen sind die seit 2001 geltenden neuen Regeln im Betriebsverfassungsgesetz (z.B. § 92a BetrVG – Beschäftigungssicherung) und die veränderten Förderungsmöglichkeiten durch das SGB III (Sozialgesetzbuch III – Hartz I bis IV etc.). Dabei steht das Ziel im Vordergrund, die Kosten zu senken, um Personaleinsparungen zu vermeiden.

SGB III

Von den Betriebsräten und den Unternehmen wird in der Regel wenig beachtet, dass auch die **Bundesagentur für Arbeit** (früher: Bundesanstalt für Arbeit) ein Interesse an der Vermeidung von Kündigungen hat. Die Vermeidung von Arbeitslosigkeit ist für die Bundesagentur dann die kostengünstigste Lösung, wenn mit geringeren Mitteln als den Kosten für Arbeitslosengeld und -hilfe (statt Arbeitslosenhilfe ab Januar 2005: Arbeitslosengeld II) Dauerarbeitsplätze erhalten werden. Viele Hilfen sind daher auch mit den sonst aufzuwendenden Mitteln (durchschnittliches Arbeitslosengeld pro Person) gedeckt.

Die **Fördermöglichkeiten** im SGB III sind vielfältig und umfangreich. Dazu gehören beispielsweise:

- Qualifizierungs- und Ausbildungszuschüsse,
- berufliche Weiterbildung,
- berufliche Eingliederung behinderter Menschen,
- Kurzarbeitergeld,
- Arbeitsbeschaffungsmaßnahmen,
- Zuschüsse zu Sozialplanmaßnahmen,
- Transferkurzarbeitergeld sowie
- Altersteilzeit.

Vorschlagen und durchsetzen

Diese Rechte und Hilfen zu kennen, ist nützlich, da im Rahmen von Interessenausgleichs- und Sozialplanverhandlungen der Betriebsrat Kostenargumenten begegnen und vor einem Personalabbau andere Maßnahmen vorschlagen kann. Dieses **Vorschlagsrecht** ist im Rahmen von Sozialplanverhandlungen mehr als nur ein „zahnloser Tiger"; es ist ein starkes Recht, da sich die Einigungsstelle im Zweifel mit dem Thema auseinander zu setzen hat und die Vorschläge berücksichtigen muss!

Einigungsstelle hilft

Durch die Neuregelung in § 112 Abs. 5 Nr. 2a BetrVG sind die Regeln des SGB III zwingend im Rahmen von Sozialplanverhandlungen und einer Entscheidung der Einigungsstelle zu berücksichtigen:

> *§ 112 Abs. 5 Nr. 2a BetrVG*
> *Sie (die Einigungsstelle) soll insbesondere die im Dritten Buch des Sozialgesetzbuches vorgesehenen Förderungsmöglichkeiten zur Vermeidung von Arbeitslosigkeit berücksichtigen.*

Auch eine Beschäftigungssicherung, wenigstens für Teile der Belegschaft, wird durch die Auswahlrichtlinien nach § 95 BetrVG in größeren Betrieben erzwingbar.

Jeder, der schon einmal bei der Planung von Kosteneinsparungen und Entscheidungen zur Personalreduzierung mitwirken musste, weiß, dass es wichtig ist, sehr **früh** und an der richtigen Stelle die Wünsche des Betriebsrates zu **artikulieren**, um sie durchsetzen zu können. Aber nur wer die Möglichkeiten zur Beschäftigungssicherung kennt, kann sie frühzeitig einbringen, erklären und durchsetzen.

1.1 Beschäftigungssicherung nach § 92a BetrVG

Die Idee, dass ein möglichst frühzeitiger Einfluss der Betriebsräte zur Beschäftigungssicherung beitragen kann, hat den Gesetzgeber im Jahr 2001 bewogen, mit der Neuregelung des Betriebsverfassungsgesetzes neue Beteiligungsrechte im Bereich der Beschäftigungssicherung zu schaffen. Leider wurden jedoch keine konkreten Durchsetzungsmöglichkeiten vorgesehen. Ob mit § 92a BetrVG dennoch „etwas anzufangen" ist, wird nachfolgend beschrieben (Thannheiser, Berufsbildung – ein Weg zur Beschäftigungssicherung?, AiB 2002, 720 ff.; Disselkamp, Betriebsklima und Beschäftigungssicherung, AiB 2004, 223 ff.)

Der Betriebsrat konnte nach dem alten Betriebsverfassungsgesetz seine Ideen zur **Beschäftigungssicherung statt Entlassung** erst ernsthaft einbringen, wenn eine Betriebsänderung nach § 111 BetrVG vorlag. Die Beteiligung nach § 111 BetrVG setzt aber voraus, dass „grundlegende" betriebliche Änderungen anstehen oder „wesentliche Nachteile" für die Beschäftigten zu erwarten sind. Die Möglichkeit des Betriebsrates, **Vorschläge zur Beschäftigungssicherung** zu unterbreiten (§ 92a BetrVG) und mit dem Unternehmer zu beraten, besteht aber schon vor dem Vorliegen von konkreten Maßnahmen. Sie ist an keine Voraussetzung gebunden und kann jederzeit erfolgen. Also wird ein Betriebsrat bei Vorliegen von ersten Gerüchten zum Personalabbau oder bei einer hohen Anzahl von Überstunden initiativ werden.

Frühes Eingreifen

Wie wichtig dem Gesetzgeber die Konkretisierung einer der grundlegenden Betriebsratsaufgaben war, zeigt auch die Ergänzung in § 80 Abs. 1 Nr. 8 BetrVG. Danach hat der Betriebsrat seit dem 1.8.2001 nunmehr die ausdrückliche **Pflichtaufgabe,** die Beschäftigung im Betrieb zu fördern und zu sichern. Die dafür nötige Sachkunde kann er sich durch die Hinzuziehung von Sachverständigen nach näherer Vereinbarung mit dem Arbeitgeber verschaffen (§ 80 Abs. 3 BetrVG).

Ist das „Kind schließlich in den Brunnen gefallen" und drohen Veränderungen im Betrieb mit wirtschaftlichen Nachteilen für die Beschäftigten, so bleibt der Anspruch auf einen **Sozialplan.** Mit der Neuregelung des § 112 Abs. 5 Nr. 2a BetrVG hat jetzt auch die Einigungsstelle, die über einen Sozialplan entscheidet, die Fördermöglichkeiten des SGB III zu berücksichtigen. Dies kann beispielsweise bedeuten, dass eine

Transfergesellschaft in Betracht gezogen wird und somit Leistungen zur Sozialplanförderung oder Strukturkurzarbeitergeld zur Unterstützung von Qualifizierungsmaßnahmen für die Betroffenen in Betracht kommen.

Folgen und Möglichkeiten der neuen Rechte

Für die **Betriebsräte** ergeben sich mit den neuen Regelungen diverse **Erweiterungen** ihres Aktionsradius. Das scheinbar nur als schwaches Beratungsrecht ausgelegte Initiativrecht zur Beschäftigungssicherung wird durch die neuen Erweiterungen und andere bestehende Rechte flankiert und erheblich gestärkt.

1.1.1 Ergänzende gesetzliche Regelungen

§ 80 BetrVG

In § 80 BetrVG werden die **generellen Aufgaben** der Betriebsräte beschrieben. Diese Regelung wurde wie folgt konkretisiert:

§ 80 BetrVG Allgemeine Aufgaben
(1) Der Betriebsrat hat folgende allgemeine Aufgaben:
(...)
8. die Beschäftigung im Betrieb zu fördern und zu sichern;
(...)

Mit dieser Aufgabe geht der Anspruch auf umfassende Information und Unterrichtung einher. Die erforderlichen Unterlagen sind zur Verfügung zu stellen und sachkundige Personen (unternehmensintern und extern) dürfen herangezogen werden. Dieses allgemeine Informationsrecht wird durch das **spezifische Informationsrecht** in § 96 BetrVG ergänzt.

§ 96 BetrVG

§ 96 Förderung der Berufsbildung
(1) (...) Der Arbeitgeber hat auf Verlangen des Betriebsrats den Berufsbildungsbedarf zu ermitteln und mit ihm Fragen der Berufsbildung der Arbeitnehmer des Betriebes zu beraten, Hierzu kann der Betriebsrat Vorschläge machen. (...)

§ 97 BetrVG

Sobald der Betriebsrat erkennt, dass sich beispielsweise die Anforderungen an die Tätigkeiten laufend verändern und mit den herkömmlichen Kenntnissen nicht mehr zu bewältigen sind, kann er auf Abhilfe dringen (§ 97 Abs. 2 BetrVG). Ein Indiz hierfür können permanente Überstunden der Kolleginnen und Kollegen sein. Mit der Möglichkeit, **Qualifizierungsmaßnahmen** zu verlangen, wird er auf solche Veränderungen reagieren. Das Unternehmen kann sich dem nicht entziehen, da hier im Streitfall die Einigungsstelle entscheidet.

Wird keine Einigung über die vom Unternehmen geplanten oder vom Betriebsrat beantragten Qualifizierungsmaßnahmen erzielt, kann die

Einigungsstelle angerufen werden. Sie entscheidet abschließend; somit muss ein Beschluss der Einigungsstelle von dem Unternehmen im Betrieb umgesetzt werden. Der Beschluss kann inhaltlich gerichtlich nicht angefochten werden. Die Einigungsstelle kann festlegen,

Umsetzung

- welche Maßnahmen der betrieblichen Bildung einzuführen sind (§ 97 Abs. 2 BetrVG) und
- welche Personen an derartigen Maßnahmen teilnehmen dürfen (§ 98 Abs. 4 BetrVG).

Ergänzend kann ein **Wirtschaftsausschuss** (§ 106 BetrVG) tätig werden. Dieser hat die Aufgabe, Unternehmen und Betriebsrat zu beraten. Im Wirtschaftsausschuss sind oftmals sehr hoch qualifizierte Kolleginnen und Kollegen vertreten, die erstens sehr früh erkennen, wenn das Unternehmen in eine wirtschaftliche Schieflage gerät, und zweitens wertvolle Anregungen und Tipps liefern können, um aus der „Schlechtwettersituation" wieder herauszukommen.

§ 106 BetrVG

Letztlich hat mit der Änderung des Betriebsverfassungsgesetzes auch der Ansatz **„Qualifizierung vor Entlassung"** für die Gestaltung von **Sozialplänen** Eingang in § 112 Abs. 5 Nr. 2a BetrVG gefunden (grundlegend: Hase/von Neumann/Rupp, Handbuch Interessenausgleich und Sozialplan, Bund-Verlag; Praxisbeispiel für einen Transfersozialplan in Thannheiser, AiB 2002, 25 ff.). Die Pflicht der Einigungsstelle, sich über Qualifizierungsmöglichkeiten Gedanken zu machen, wird mit dem Anreiz verbunden, Gelder der Bundesagentur für Arbeit zu nutzen, da es – oft wenig bekannt – viele Möglichkeiten im Sozialgesetzbuch III (SGB III) zur Arbeitsförderung gibt (vgl. ausführlich dazu Thannheiser, Arbeitsplatzsicherung, Bund-Verlag 2002).

§ 112 BetrVG

1.1.2 § 92a BetrVG im Einzelnen

Über die Beratungsrechte zu allen betrieblichen Fragen nach § 80 BetrVG hinaus geht das **Vorschlagsrecht** des Betriebsrates in § 92a BetrVG. Der Betriebsrat erhält damit die Möglichkeit, sehr frühzeitig initiativ zu werden. Eine Betriebsänderung muss in diesem Fall weder erkennbar sein noch irgendwie im Raum stehen.

Der Betriebsrat kann tätig werden, wenn Maßnahmen durchgeführt werden, die

- die Tätigkeiten der Beschäftigten ändern werden oder
- bei denen die bisherigen beruflichen Kenntnisse und Fähigkeiten zur Aufgabenerfüllung nicht mehr ausreichen.

Initiativrecht

Der Betriebsrat kann jederzeit die Initiative ergreifen und das Unternehmen ist gezwungen, sich mit den Vorschlägen des Betriebsrates auseinander zu setzen. Dieses Vorschlagsrecht baut auch nicht auf betrieblichen Vorgängen auf, sondern ist davon völlig unabhängig. Der **Betriebsrat** entscheidet selbst, wann er **Vorschläge** unterbreitet

- zur flexiblen Gestaltung der Arbeitszeit,
- zu neuen Formen der Arbeitsorganisation,
- zu Änderungen der Arbeitsverfahren und Arbeitsabläufe,
- zur Qualifizierung der Arbeitnehmer,
- zu Alternativen zur Ausgliederung von Arbeit oder ihrer Vergabe an andere Unternehmen oder
- zu Alternativen zum Produktions- und Investitionsprogramm dem Unternehmen.

Beratungsrecht

Das Unternehmen muss diese Vorschläge mit dem Betriebsrat beraten. Es muss sich also mit den Vorschlägen auseinander setzen. Dies wird auch dadurch deutlich, dass es eine ablehnende Haltung in Betrieben mit mehr als 100 Beschäftigten sogar schriftlich begründen muss. Auch die sinnvolle Möglichkeit, Vertreter der Landesagentur für Arbeit hinzuzuziehen, ist im Gesetz ausdrücklich festgeschrieben.

1.1.3 Die Kraft der Betriebsräte

Der durchsetzungsfähige Betriebsrat wendet sich nicht enttäuscht von dem bloßen Beratungsrecht des § 92a BetrVG ab, sondern ergänzt dies mit seinen sonstigen **Handlungsmöglichkeiten.**

Nicht abwarten, sondern gestalten

Der Betriebsrat hat mit § 97 Abs. 2 BetrVG ein **Initiativrecht,** das nicht von dem guten Willen des Unternehmens abhängig ist, sondern im Zweifel und bei Vorliegen guter Gründe auch gegen das Unternehmen zu durchsetzbaren Resultaten führen kann. Dies gilt neben den oben genannten Beispielen in der beruflichen Bildung auch für alle Initiativen, die sich auf Mitbestimmungsrechte beziehen, für die im Streitfall die abschließende Entscheidung der Einigungsstelle vorgesehen ist (z.B. Regelungen in § 87 BetrVG). Neben einzelnen Maßnahmen könnten auch **Betriebsvereinbarungen** von dem Betriebsrat initiiert werden. Auch diese würden im Bereich der vollen Mitbestimmung letztlich in der Einigungsstelle diskutiert und nicht nur einseitig vom Unternehmen zurückgewiesen werden können.

Es ist nicht zwingend, allen **Überstundenanträgen** des Unternehmens zuzustimmen, wenn Anträge zu Maßnahmen der Beschäftigungssicherung und Qualifizierung vom Unternehmen zurückgewiesen werden.

Es reicht nicht mehr aus, wenn das Unternehmen sich auf die Position zurückzieht, es gebe keine Personalentwicklungsplanung. Nun **hat es den Bedarf** an **Berufsbildung** zu **ermitteln**. Damit sind die Erstellung einer Ist-Analyse und die Gegenüberstellung mit einem Soll-Konzept gemeint. Zu berücksichtigen ist das Interesse des Unternehmens, sein Bedarf an qualifizierten Beschäftigten, das Potenzial der einzelnen Beschäftigten für Qualifizierungsmaßnahmen und deren Interessen.

Sollte das Unternehmen alle Vorschläge des Betriebsrates verwerfen, wird es bei später notwendigen Betriebsänderungen im Interessenausgleich und **Sozialplan** diese Vorschläge letztlich erneut aufgreifen müssen.

1.1.4 Individualrechtliche Folgen

Für die Beschäftigten ergeben sich erhebliche Folgen für den Fall, dass das Unternehmen vor Entlassungen nicht alle ihm und vom Betriebsrat vorgeschlagenen Möglichkeiten genutzt hat. Diese **individualrechtliche Komponente** ist bisher wenig erörtert und beachtet worden.

Falls betriebsbedingte **Kündigungen** vom Unternehmen geplant werden, wird es Schwierigkeiten haben, deren betriebliche Gründe zu belegen, wenn es jeglichen Versuch zur frühzeitigen Vermeidung abgelehnt hat. Eine betriebsbedingte Kündigung erfordert das Vorliegen „**dringender betrieblicher Erfordernisse,** die einer Weiterbeschäftigung des Arbeitnehmers im Betrieb entgegenstehen" (§ 1 KSchG). Grundsätzlich gilt, dass eine Unternehmensentscheidung zum Wegfall von Arbeitsplätzen führen kann und diese Entscheidung nur auf Missbräuchlichkeit, nicht auf ihre Zweckmäßigkeit oder Notwendigkeit überprüft wird.

Erhöhter Kündigungsschutz

Die Arbeitsgerichte prüfen aber, ob die Entscheidung nicht **offenbar unsachlich, unvernünftig oder willkürlich** ist (BAG vom 22.11.1973, AP Nr. 22 zu § 1 KSchG Betriebsbedingte Kündigung). Die Maßnahme ist weiter daraufhin zu überprüfen, ob sie nicht **vermeidbar** war oder durch andere mildere Maßnahmen ersetzt werden konnte (BAG vom 18.1.1990, AP Nr. 27 zu § 2 KSchG 1969). Aus dem Begriff „dringend" ergibt sich außerdem, dass die Kündigung unter dem Grundsatz der **Verhältnismäßigkeit** zu überprüfen ist (BAG vom 18.1.1990, a.a.O.). Das Unternehmen muss das die betroffenen Beschäftigten am wenigsten belastende Mittel wählen. Diese Anforderungen sind nicht erfüllt, wenn es mit den vom Betriebsrat vorgeschlagenen Maßnahmen zur Beschäftigungssicherung und Qualifizierung möglich gewesen wäre, Kündigungen zu vermeiden.

Die betroffenen Beschäftigten haben die Möglichkeit, auf die Vorschläge des Betriebsrates im Rahmen eines **Kündigungsschutzprozesses** zu verweisen und können damit darlegen, dass es mildere Mittel und Alternativen zum Personalabbau gegeben hätte. Vielleicht ist es sogar möglich, dass sie mit Qualifizierungsmaßnahmen andere offenen Stellen hätten erreichen können, jedoch das Unternehmen entsprechende Anträge zurückgewiesen hat.

1.2 Qualifizierung als Schutz vor Arbeitsplatzverlust

Die allgemeine Tendenz, dass einfache Tätigkeiten durch Maschinen ersetzt werden, dass der so genannte Bereich des „Backoffice" durch Scanner und EDV abgelöst wird, schreitet immer weiter fort. Damit tragen angelernte Beschäftigte und Kolleginnen und Kollegen auf Arbeitsplätzen mit nur geringem Anforderungsniveau das größte Risiko, arbeitslos zu werden. Sie haben leider auch das größte Risiko, dauerhaft arbeitslos zu bleiben, da bei den Langzeitarbeitslosen diejenigen ohne oder mit nur geringwertiger Ausbildung die größte Gruppe bilden. Deshalb sollte sich der Betriebsrat frühzeitig Gedanken machen, welche Qualifizierungsmaßnahmen möglich und sinnvoll für den Betrieb und die besonders gefährdeten Beschäftigten sind.

Weiteres Initiativrecht

Über das Beratungsrecht des § 92a BetrVG hinaus geht die Mitbestimmung bei **Qualifizierungsmaßnahmen.** Schon die Änderung der Tätigkeiten der Beschäftigten genügt für Initiativen des Betriebsrates, wenn zu erwarten ist, dass nach der Tätigkeitsänderung die bisherigen beruflichen Fähigkeiten und Kenntnisse der Beschäftigten zur Aufgabenerfüllung nicht mehr ausreichen (§ 97 Abs. 2 BetrVG). Der Betriebsrat muss nicht warten, was das Unternehmen an Qualifizierungsmaßnahmen durchführen möchte, sondern kann selbst Vorschläge unterbreiten. Sollte das Unternehmen alles ablehnen, könnte die Einigungsstelle angerufen werden, deren Spruch dann die Einigung zwischen Arbeitgeber und Betriebsrat ersetzt.

Um Qualifizierungsmaßnahmen planen zu können, ist es wichtig, dass der Stand der Qualifizierung der Beschäftigten sowie der zukünftige diesbezügliche Bedarf bekannt sind. Der Betriebsrat hat die Möglichkeit, auch in diesem Bereich initiativ zu werden. Der Arbeitgeber hat nämlich den **Berufsbildungsbedarf** zu ermitteln und mit dem Betriebsrat Fragen zur Berufsbildung der Beschäftigten zu erörtern, wenn dieser es verlangt (§ 96 Abs. 1 vorletzter Satz BetrVG).

Berufsbildung = Qualifizierung

Unter dem Begriff Berufsbildung ist nicht nur die Berufsausbildung im engeren Sinne zu verstehen, sondern die betriebliche, überbetriebliche und außerbetriebliche **Aus-, Weiter- und Fortbildung** sowie **Umschulung** für jugendliche und erwachsene Arbeitnehmer einschließlich sonstiger Bildungsmaßnahmen, die vom Betrieb oder in seinem Auftrag durchgeführt werden (DKK, BetrVG, § 96 Rn. 6). Zu den Maßnahmen der beruflichen Bildung gehören insbesondere solche, die den Arbeitnehmern die Kenntnisse und Erfahrungen verschaffen sollen, die zur Ausfüllung ihres Arbeitsplatzes und ihrer beruflichen Tätigkeit dienen. Dazu gehört auch die berufliche Fortbildung (BAG vom 4.12.1990, AP Nr. 1 zu § 97 BetrVG 1972).

1.3 Rechte des Betriebsrates bei Betriebsänderungen

Bei einer Änderung von Unternehmens- und Betriebsstrukturen, die das Risiko eines Arbeitsplatzabbaus enthält, ist unter bestimmten Voraussetzungen der Betriebsrat zu beteiligen. Drei Bedingungen müssen dabei erfüllt sein:

1. Es muss ein **Betriebsrat** vorhanden sein, da nur er Rechte aus dem Betriebsverfassungsgesetz (BetrVG) wahrnehmen kann.
2. Es müssen in dem betroffenen Unternehmen mehr als 20 **wahlberechtigte Beschäftigte** arbeiten.
3. Es muss sich um eine **Betriebsänderung** handeln, damit die Mitbestimmungsrechte des Betriebsrates gemäß §§ 111 ff. BetrVG auslöst werden.

Voraussetzungen

Ohne Betriebsrat gibt es keinen Sozialplan. Die Regelungen der §§ 111 ff. BetrVG stellen nämlich darauf ab, dass der Betriebsrat etwas mit dem Unternehmer verhandelt.

Neben dem Bestehen eines Betriebsrates ist weitere Voraussetzung, dass in dem betroffenen Unternehmen mehr als **20 wahlberechtigte Beschäftigte** arbeiten, da die Regelungen der §§ 111 ff. BetrVG sonst keine Anwendung finden. Abgestellt wird auf das Unternehmen und nicht mehr nur auf den Betrieb (wie in der alten Fassung des § 111 BetrVG vor 2001).

> **Beispiel zur Unterscheidung „Betrieb/Unternehmen"**
> Zur vereinfachten Veranschaulichung stellen wir uns vor, dass eine Schlosserei in der Rechtsform einer GmbH geführt wird und somit ein Unternehmen ist. Diese Schlosserei hat Betriebsstätten in Hannover, Braunschweig und Salzgitter. Dort gibt es jeweils einige Beschäftigte (8, 12, 15) und einen zuständigen Leiter der örtlichen Niederlassung. Die Betriebe bleiben unter 20 Beschäftigten, das Unternehmen hat aber insgesamt über 20, so dass es bei einer Änderung sozialplanpflichtig ist.

Ablauf einer Betriebsänderung

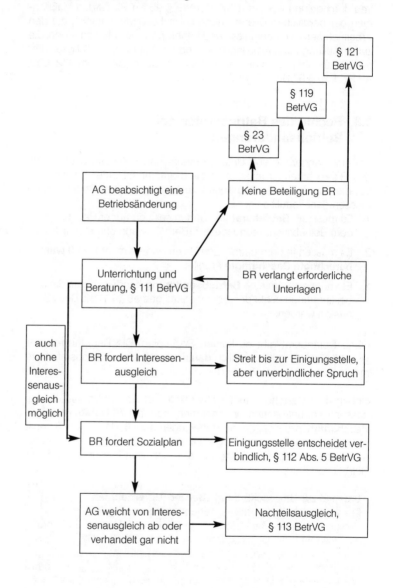

1.3.1 Information und Beratung

Vor jeder Betriebsänderung ist der Betriebsrat zu informieren. Dieses **Informationsrecht** bildet die Basis der Zusammenarbeit zwischen Unternehmen und Betriebsrat, die gemäß § 2 BetrVG vertrauensvoll sein soll. Das heißt in der Praxis: Bevor Planungen zu einer Betriebsänderung aufgenommen, Arbeitsgruppen eingesetzt und Projekte initiiert werden, ist der Betriebsrat über diese Ideen zu informieren. Dies folgt auch aus dem allgemeinen Informationsanspruch nach § 80 Abs. 2 BetrVG, wonach ein umfassendes Informationsrecht besteht.

Vertrauensvolle Zusammenarbeit

Der Betriebsrat muss aber nicht auf die Unternehmensleitung warten, denn ihm steht ein **allgemeines Initiativrecht** zu. Danach kann er sich im Unternehmen frei bewegen, die Kolleginnen und Kollegen am Arbeitsplatz aufsuchen und selbst Informationen sammeln. Daneben verfügt der Betriebsrat auch über ein **qualifiziertes Initiativrecht**, weil der Begriff Mitbestimmung schon sprachlich beide Teile (Anträge des Unternehmens und Anträge des Betriebsrates) umfasst (ständige Rechtsprechung: vgl. nur BAG vom 14.11.1974, AP Nr. 1 zu § 87 BetrVG 1972). Von einem qualifiziertem Initiativrecht kann dann gesprochen werden, wenn der Betriebsrat Maßnahmen beantragen kann oder die Möglichkeit hat, selbst Betriebsvereinbarungen vorzuschlagen.

Initiativrechte nutzen

Die Frage, wie weit der Betriebsrat sich mit seinen **Initiativanträgen** durchsetzen kann, ist abhängig von dem Bereich, in dem er sich bewegt. Sind in dem Bereich nur Anhörungsrechte vorgesehen, so geht sein Initiativrecht auch nicht weiter. Bewegt er sich aber im Bereich der vollen Mitbestimmung, so entscheidet auch über seine Initiativen im Streitfall die Einigungsstelle. So würde beispielsweise über einen Sozialplan auf Initiative des Betriebsrates bei Verweigerung von Verhandlungen durch das Unternehmen eine Einigungsstelle entscheiden können.

Selbst initiativ werden

Die Information des Betriebsrates kann beispielsweise in den **Monatsgesprächen** (§ 74 Abs. 1 BetrVG) erfolgen, da dort alle Angelegenheiten des Betriebes zu besprechen sind. Weiter konkretisiert wird das Informationsrecht in **§ 90 BetrVG**, wonach bei allen baulichen Veränderungen, bei Planungen bezüglich technischer Anlagen, der Arbeitsverfahren, Arbeitsabläufe oder Arbeitsplätze der Betriebsrat unter Vorlage der Unterlagen rechtzeitig zu unterrichten ist. Für personelle Angelegenheiten wird dies in **§ 92 BetrVG** festgeschrieben.

Schließlich sieht **§ 111 BetrVG** vor, dass der Betriebsrat bei Betriebsänderungen rechtzeitig und umfassend zu **unterrichten** und die geplanten Änderungen mit ihm zu **beraten** sind. Der Unternehmer hat dabei dem Betriebsrat alle erforderlichen Unterlagen und Informationen über die geplante Betriebsänderung zur Verfügung zu stellen.

Beratungsrecht

Alternative Pläne sind ebenfalls zu erörtern. Erörterung heißt auch, dass die Gedanken des Betriebsrates aufzunehmen sind und vom Unternehmer bedacht werden.

Sachverständige Hilfe

Sachverständige

In Unternehmen mit mehr als 300 Beschäftigten ist der Betriebsrat immer berechtigt, zu seiner Unterstützung einen **Berater** hinzuzuziehen (§ 111 Abs. 1 Satz 2 BetrVG). Dies können sachkundige Kolleginnen und Kollegen sein oder aber externe Sachverständige. In kleineren Unternehmen bleibt es bei der Regelung des § 80 Abs. 3 BetrVG, wonach Sachverständige hinzugezogen werden dürfen, wenn dies erforderlich ist und das Unternehmen zugestimmt hat. Dieser Vereinbarung mit dem Unternehmen bedarf es in großen Unternehmen (mehr als 300 Beschäftigte) seit dem 1.8.2001 nicht mehr.

1.3.2 Interessenausgleich

Im Rahmen einer vorliegenden Betriebsänderung ist der Unternehmer in jedem Fall verpflichtet, einen **Interessenausgleich** mit dem Betriebsrat zu verhandeln und abzuschließen. Zumindest muss er dies versuchen, wenn er sich nicht der Regelung des Nachteilsausgleichs nach § 113 BetrVG aussetzen will.

Ein Interessenausgleich beschreibt nur die geplante Betriebsänderung. Alle Maßnahmen zu Gunsten der Beschäftigten werden im Sozialplan geregelt. Im Interessenausgleich wird geregelt,

Inhalt

- ob,
- wann,
- wie

eine vorgesehene Betriebsänderung durchgeführt werden soll.

Ausgleich der Interessen

Ein Interessenausgleich hat zwei **Zielrichtungen**. Auf der einen Seite ist das Ziel des Betriebsrates, Nachteile für die Beschäftigten möglichst gering zu halten, und auf der anderen Seite steht das Ziel des Unternehmens, den Betriebsrat dafür zu gewinnen, dass er der Betriebsänderung zustimmt und diese positiv begleitet. In vielen Fällen ist die positive Begleitung durch den Betriebsrat geradezu Voraussetzung dafür, dass die Betriebsänderung (insbesondere Organisationsänderung) überhaupt greifen kann, da er sich als Multiplikator für oder gegen Veränderungen ausspricht und damit die Beschäftigten orientiert.

Die **Inhalte** eines Interessenausgleichs können sein: **Regelungsinhalte**

- zeitlicher Ablauf der Betriebsänderung,
- Anfang und Inhalt der Betriebsänderung,
- zusätzliche Produktionsmöglichkeiten zwecks Sicherung der Beschäftigung,
- Standortfragen (Schließung, Zusammenschluss, Erweiterung etc.),
- personalwirtschaftliche Abwicklung der Betriebsänderung,
- Qualifikationsprogramme für betroffene Mitarbeiter,
- Einführung von Kurzarbeit,
- Errichtung von Beschäftigungs- und Qualifizierungsgesellschaften,
- Überleitung in betriebsorganisatorisch eigenständige Einheit (beE),
- Maßnahmen zu menschengerechter Arbeitsplatzgestaltung,
- sozialverträglicher Technikeinsatz,
- Einführung einer transparenten Personalplanung,
- Festschreibung zukünftiger Betriebsratsinformation,
- Erweiterung betriebsverfassungsrechtlicher Mitbestimmungsrechte, z.B. im Bereich Personalplanung, Kündigung,
- Übergangs- und Restmandate der Betriebsräte sowie
- betriebsrätliche Vertretung ausgelagerter Betriebsteile und Einleitung von Betriebsratswahlen dort (vgl. dazu Hase u.a., Handbuch Interessenausgleich und Sozialplan, S. 54 ff.).

Zu beachten ist jedoch, dass in einem Interessenausgleich möglichst keine Dinge geregelt werden sollen, die Leistungen an die Beschäftigten betreffen. Ein Interessenausgleich ist nämlich nach der Rechtsprechung des Bundesarbeitsgerichts ein **Vertrag besonderer Art,** der für den Fall, dass der Unternehmer sich nicht an die Regelungen hält weder vom Betriebsrat noch von den betroffenen Beschäftigten gegen den Unternehmer durchgesetzt werden könnte. Für den Fall, dass der Unternehmer den Interessenausgleich nicht durchführt oder einzelne Regelungen nicht zur Anwendung bringt, ohne dass er dafür ausreichende Gründe hat, hat der Gesetzgeber lediglich die Nachteilsausgleichsregelung in § 113 BetrVG vorgesehen. **Nicht einklagbar**

1.3.3 Nachteilsausgleich

Immer dann, wenn die Beschäftigten Nachteile durch Betriebsänderungen erleiden, die darin begründet sind, dass der Unternehmer von einem Interessenausgleich grundlos abweicht, ihn nicht zur Anwendung bringt oder gar keinen Interessenausgleich versucht hat, hat der Unternehmer diese Nachteile auszugleichen. In **§ 113 Abs. 2 BetrVG** ist vorgesehen, dass **wirtschaftliche Nachteile** bis zu einem Zeitraum von zwölf Monaten ausgeglichen werden. Wer beispielsweise eine Tätigkeit an einem anderen Ort aufnehmen muss und dadurch erhöhte Fahrtaufwendungen hat, kann diese Nachteile gegenüber dem Unternehmer geltend machen.

Erhöhte Abfindung

Der Hauptanwendungsfall ist der, dass das Arbeitsverhältnis durch den Unternehmer beendet wurde und dies gegen oder ohne Interessenausgleich. Für diese Fälle sieht § 113 Abs. 1 BetrVG vor, dass eine **Abfindung** zu zahlen ist, die gemäß § 10 KSchG bis zu 18 Monatsgehältern betragen kann. Allerdings werden diese Leistungen üblicherweise mit Abfindungen aus dem Sozialplan verrechnet.

1.3.4 Sozialplan

Der Regelfall ist, dass bei Betriebsänderungen, die wirtschaftliche Nachteile für die Beschäftigten auslösen, ein Sozialplan abgeschlossen wird. Dieser hat das Ziel, dass **wirtschaftliche Nachteile ausgeglichen oder gemildert** werden, die auf Grund der Betriebsänderung entstehen (§ 112 BetrVG). Wie dies geschieht, welche Regelungen aufgenommen werden und wer welche Ansprüche haben soll, steht im Ermessen der Vertragsparteien, also Betriebsrat und Unternehmer. Sie müssen nur die Grenzen der Sittenwidrigkeit und das Gebot der Gleichbehandlung beachten. Inhalte des Sozialplanes könnten sein:

Mögliche Sozialplaninhalte

- Abfindung für den Verlust des Arbeitsplatzes,
- Leistungen in einer Transfergesellschaft,
- Leistungen für Altersteilzeit,
- Ausgleichsregelungen für Teilzeit,
- Ansprüche auf Qualifizierungsleistungen,
- Ausgleichszahlung für Verdienstminderung in Folge von Versetzung und/oder Dequalifizierung,
- Sicherung der Anwartschaften für die betriebliche Altersversorgung,
- Sicherung des Ausgleichs für andere betriebliche Sozial-

leistungen (z.B. Unternehmerdarlehen, Essenszuschüsse, Zulagen),
- Übernahme zusätzlicher Fahrtkosten zur Arbeit,
- Übernahme erforderlicher Kosten der Umschulung/Weiterbildung,
- Übernahme von Bewerbungskosten,
- bezahlte Freistellung zur Bewerbung,
- Regelung über Resturlaub und Urlaubsgeld,
- Regelung über den Ausgleich besonderer Härten sowie
- Regelung über Umzugskosten (vgl. Hase u.a., Handbuch Interessenausgleich und Sozialplan, S. 58 ff.).

Die Regelungen eines Sozialplanes haben dieselbe Wirkung wie eine **Betriebsvereinbarung.** Sie sind sowohl für den einzelnen Anspruchsberechtigten als auch im Falle kollektiver Regelungen für den Betriebsrat **einklagbar.** Sollten Unternehmer und Betriebsrat keine Einigung über einen Sozialplan herbeiführen können, so würde letztendlich die Einigungsstelle angerufen werden können, die dann abschließend entscheidet und einen Sozialplan durchsetzen kann. Die Einigungsstelle ist allerdings in ihren Entscheidungen an § 112 Abs. 5 BetrVG gebunden, wonach die Regelungsmöglichkeiten beschränkt sind.

Einigungsstelle entscheidet

In der Praxis werden sehr oft Interessenausgleich und Sozialplan gemeinsam **verhandelt.** Der Unternehmer wird die Betriebsänderung erst durchführen, wenn der Interessenausgleich steht. Dementsprechend hat der Betriebsrat in dieser Situation eine bessere Verhandlungsbasis, als wenn die Betriebsänderung bereits durchgeführt wurde und somit Druckmittel bezüglich Verzögerungspotenzial etc. nicht mehr bestehen. In den vergangenen Jahren sind reine Abfindungssozialpläne immer mehr aus dem Blickpunkt geraten und die Sicherung von Arbeitsplätzen und Qualifizierung stärker in den Vordergrund gerückt (vgl. Thannheiser, Moderne Sozialplangestaltung mit Hilfe des SGB III, AiB 1999, 89 und 153 ff.). Mit dem Stichwort des Transfersozialplanes oder eines innerbetrieblichen Beschäftigungsplanes ist beispielsweise eine stärkere Hinwendung zum Transfer in neue Arbeitsverhältnisse gemeint. Danach werden die Beschäftigten nicht in die Arbeitslosigkeit entlassen, sondern in eine betriebsorganisatorisch eigenständige Einheit (beE) oder eine Transfer-/Qualifizierungsgesellschaft überführt, die dann dafür Sorge trägt, dass die Beschäftigten erstens ausgebildet werden und zweitens eine Beschäftigung vermittelt erhalten.

1.3.5 Exkurs: Unterlassungsanspruch und andere Hilfen

Streit der Juristen

So weit der Betriebsrat überhaupt nicht beteiligt wird, könnte er versuchen, gemäß § 23 BetrVG die Unterlassung der Maßnahme zu erreichen. Ob ein **Unterlassungsanspruch** der Interessenvertretung allerdings zusteht, ist in der Literatur und bei den Gerichten sehr umstritten (vgl. Fitting u.a., BetrVG, § 111 Rn. 110). Auf der einen Seite wird befürwortet, dass der Unternehmer die Betriebsänderung erst durchführen darf, wenn ein Interessenausgleich abgeschlossen wurde, weil sonst die Rechte des Betriebsrates leer laufen würden. Die Gegenmeinung hingegen argumentiert, dass ein Durchsetzungsanspruch für einen Interessenausgleich vom Gesetzgeber absichtlich nicht vorgesehen wurde. Denn im Fall einer Nichteinigung sei zwar ein Verfahren vor der Einigungsstelle vorgesehen, dieses führe aber nur zu einer Empfehlung an den Unternehmer, an die er sich letztlich nicht halten müsse. Außerdem habe der Gesetzgeber als Sanktion für einen nicht durchgeführten Interessenausgleich den § 113 BetrVG über den Nachteilsausgleich eingesetzt. Damit sei die Sache dann juristisch gesehen erledigt, dem Betriebsrat stünden keine darüber hinausgehenden Ansprüche zu. Er sollte dann mit seiner Gewerkschaft besprechen, welche weiteren „betriebspolitischen" Möglichkeiten genutzt werden können und die Kolleginnen und Kollegen über ihre Klagemöglichkeiten in Kenntnis setzen.

Bei grober Verletzung und vorsätzlicher Missachtung der Betriebsratsrechte kommt auch § 121 BetrVG in Betracht, wonach der Unternehmer eine **Ordnungswidrigkeit** begehen könnte, die entsprechend bestraft werden kann. Diese Regelung ist geschaffen worden für die Fälle, in denen der Unternehmer Aufklärungs- und Auskunftspflichten gar nicht, wahrheitswidrig, unvollständig oder nur verspätet erfüllt. Dort sind ausdrücklich die §§ 90, 92 und 111 BetrVG als in Bezug genommene Regelungen aufgeführt.

Letztendlich käme noch eine **Bestrafung** gemäß § 119 BetrVG mit Freiheitsstrafe bis zu einem Jahr oder mit Geldstrafe in Betracht, wenn die Tätigkeit des Betriebsrates vorsätzlich behindert oder gestört wird. Dies ist aber nur denkbar als Ultima ratio und stellt einen absoluten Ausnahmefall dar.

1.4 Unterstützung durch den Aufsichtsrat

Duale Verfassung

Nicht zu unterschätzen sind die Möglichkeiten der Beschäftigten in den Aufsichtsräten. Auch wenn sie nie die Mehrheit bilden (Anteil $1/3$ oder $1/2$ je nach Unternehmensgröße), so haben sie doch die gleichen Rechte wie die Unternehmensvertreter im Aufsichtsrat. Seit mehr als

100 Jahren kennt das deutsche Unternehmensrecht den Aufsichtsrat als **Überwachungsorgan** und seit mehr als 50 Jahren sind Beschäftigte im Aufsichtsrat vertreten (Beschäftigtenvertretung eingeführt im Betriebsrätegesetz von 1920, aber „echte Mitbestimmung" seit 1947 in der Britischen Zone und seit 1951 durch das Montan-Mitbestimmungsgesetz). Die deutsche Unternehmensverfassung ist eine so genannte duale Verfassung. Auf der einen Seite handelt für das Unternehmen der Vorstand und auf der anderen Seite wurde der Aufsichtsrat für die Überwachungsfunktion geschaffen.

Der Aufsichtsrat als Überwachungsorgan hat eine Vielzahl von gesetzlichen Bestimmungen zu berücksichtigen (vgl. dazu Thannheiser, Aufsichtsrat – Risiken und Chancen, AiB 2003, 735 und AiB 2004, 174 ff.). Er hat die Tätigkeit des Vorstandes oder der Geschäftsführer auf Rechtmäßigkeit, Ordnungsmäßigkeit, Wirtschaftlichkeit und Zweckmäßigkeit zu überprüfen. Dabei hat er die Geschäftsführung auch zu beraten über die Besetzung und gegebenenfalls den Austausch von Personen in der Geschäftsführung zu entscheiden. **Prüfung und Beratung**

Der Aufsichtsrat hat in **Doppelfunktionen** den Vorstand bzw. die Geschäftsführung der Gesellschaft zu überwachen und zugleich zu beraten. Er hat die erforderlichen Informationen zu erhalten, die die Überwachung erst ermöglichen. Die größte Informationsquelle für den Aufsichtsrat sind nach § 90 AktG die Berichte des Vorstandes.

Neben den verschiedenen Pflichten und Anlässen für **Berichterstattung** durch den Vorstand kann der Aufsichtsrat jederzeit Berichte zur Lage der Gesellschaft verlangen, zur rechtlichen und geschäftlichen Beziehung zu verbundenen Unternehmen und über geschäftliche Vorfälle. Die Aufsichtsräte werden die erstatteten Berichte insbesondere mit der Planung des Unternehmens vergleichen, um so die Realisierung der angedachten Ziele nachzuvollziehen oder frühzeitig das Scheitern der Planung des Vorstandes erkennen zu können. **Vorstand muss Bericht erstatten**

Die Pflicht zur Überwachung des Vorstandes folgt aus § 111 Abs. 1 AktG, der zugleich die Rechte des Aufsichtsrates dahingehend erweitert, dass dieser selbst die Bücher und Schriften der Gesellschaft einsehen darf und Prüfungen veranlassen kann (§ 111 Abs. 2 AktG).

Mit dem KonTraG (vom 1.5.1998) und dem TransPuG (vom 19.7.2002) sind die Pflichten für Vorstände und Geschäftsführer insbesondere im Hinblick auf die interne Revision und Berichtspflichten gegenüber dem Aufsichtsrat erheblich erhöht worden. Auch die unternehmerische Kontrolle durch die Abschlussprüfer ist durch diese Regeln erweitert und detaillierter geregelt worden (§§ 317, 319, 323 HGB).

1.4.1 Sonderberichte

Immer dann, wenn Veränderungen in der Planung eintreten, besondere Anlässe gegeben sind, wie besondere Geschäfte oder Erwerb eines anderen Unternehmens etc, ist darüber zu berichten. Diese Berichtspflicht ist völlig unabhängig von den Tagungen des Aufsichtsrates und von der Geschäftsleitung selbstständig zu erfüllen. Alles, was für die Rentabilität und Liquidität des Unternehmens von Bedeutung sein könnte, ist dem Aufsichtsrat bekannt zu geben. Dies gilt auch für Geschäfte im Rahmen des **Risikomanagements**.

1.4.2 Risikomanagement

Mit dem KonTraG wurde die Buchführungspflicht des Vorstandes dahingehend erweitert, dass auch ein angemessenes Risikomanagement und eine interne Revision einzurichten sind (§§ 76, 91 AktG). Die konkrete Ausformung dieser Pflichten ist je nach Größe eines Unternehmens, Branchenstruktur und Kapitalmarkt unterschiedlich. Alle Entwicklungen, die den Fortbestand der Gesellschaft gefährden könnten, sind dem Aufsichtsrat zu berichten. Dazu gehören insbesondere risikobehaftete Geschäfte, Unrichtigkeiten der Rechnungslegung und Verstöße gegen rechtliche Vorschriften, die sich auf die Vermögens- und Ertragslage der Gesellschaft und des Konzerns wesentlich auswirken (Köstler, Rechtsleitfaden für Aufsichtsratsmitglieder, Mitbestimmung seit 76, Böckler Stiftung 2001). Diese Entwicklungen sind dem Aufsichtsrat frühzeitig anzugeben, sodass gegensteuernde Maßnahmen ergriffen werden können.

1.4.3 Zusätzliche Berichte

Der Aufsichtsrat kann durch Beschluss im Rahmen des Initiativrechts weitere Berichte zu bestimmten Vorfällen und Anlässen vom Vorstand einfordern. Dieses Recht steht auch den einzelnen Aufsichtsratsmitgliedern zu (vgl. Luther/Krieger, Rn. 212).

Diese, auch von einzelnen Aufsichtsratsmitgliedern, eingeforderten Berichte sind an den Aufsichtsrat insgesamt zu erstatten, sodass alle Aufsichtsratsmitglieder jederzeit gleichermaßen informiert sind.

1.4.4 Eigene Einsichtsrechte des Aufsichtsrates

In Ergänzung der Rechte von Vorlage von Berichten hat der Gesetzgeber in § 111 AktG vorgesehen, dass der Aufsichtsrat auch eigene Einsichtsrechte hat. Der Gesetzgeber hat damit wohl auch die Konfliktlage des Vorstandes berücksichtigt, der wenig geneigt sein dürfte, seine Fehler frei zuzugeben und dem Aufsichtsrat damit ein Instrument der zusätzlichen Kontrolle in die Hand gegeben hat. Dieses Instrument ist gleichzeitig jedoch ein Instrument zur Haftungsverschärfung: Wenn nämlich der Aufsichtsrat davon keinen Gebrauch macht, dann dürfte er bei der Frage von Pflichtverletzungen ein Rechtfertigungsproblem haben.

Vertrauen ist gut, Kontrolle ist besser

Das Einsichtsrecht steht dem Aufsichtsrat als Organ zu. Das heißt: Die einzelnen Mitglieder haben allein kein **Einsicht- und Prüfungsrecht,** sondern es bedarf eines entsprechenden Beschlusses des Aufsichtsrates (Luther/Krieger, Rn. 214). Dies bedeutet dann aber nicht, dass der Aufsichtsrat nur insgesamt Einsicht nehmen dürfte, sondern er kann einzelne Mitglieder mit der Prüfung beauftragen. Auch besteht die Möglichkeit, bestimmte Prüfungsfragen durch Dritte – insbesondere Wirtschaftsprüfer – stellen zu lassen. Diese Prüfungsfragen sind dann zu konkretisieren, z.B. bezüglich Liquiditätslage, Auftragsbestand, Organisation oder anderen vermuteten Fehlverhaltens des Vorstandes (Köstler, Aufsichtsratshandbuch für Arbeitnehmervertreter im Aufsichtsrat, Bund Verlag 2002). Die Beauftragung eines externen Prüfers – meistens wohl ein Wirtschaftsprüfer – muss eine konkrete Fragestellung beinhalten. Die sachverständige Unterstützung bei der allgemeinen Überwachung ist dem Aufsichtsrat nicht gegeben (BGHZ 85, 291).

2. Unterstützung durch das SGB III

Das Sozialgesetzbuch III befasst sich nur zum kleineren Teil mit dem Arbeitslosengeld. Der größere Teil dient der Hilfe bei der Arbeitssuche, der Unterstützung hinsichtlich Weiterbildung und beruflicher Qualifikation, Kurzarbeit, Insolvenzgeld, Förderungsmöglichkeiten für junge, ältere und für behinderte Menschen sowie Maßnahmen zur **Schaffung und Erhaltung von Arbeitsplätzen.**

Viele Förderungsmöglichkeiten sollen helfen, Arbeitslosigkeit zu vermeiden. Jedoch kann nur der, der die verschiedenen „Instrumente" der Arbeitsagenturen kennt, diese beantragen und vor allem einsetzen.

2.1 Kurzfristige Überbrückung mit Kurzarbeitergeld

Vorübergehender Arbeitsausfall

Unternehmen, die vorübergehend Schwierigkeiten haben, können das so genannte Kurzarbeitergeld (KUG) von der Agentur für Arbeit erhalten (§§ 169 ff. SGB III). Für die Beschäftigten handelt es sich um eine Art Teilarbeitslosigkeit, da sie nicht zu 100 % beschäftigt werden können.

Folgende **Voraussetzungen** müssen gegeben sein:

- Es muss ein Arbeitsausfall aus wirtschaftlichen Gründen oder wegen eines unabwendbaren Ereignisses vorliegen.

- Der Arbeitsausfall darf nur vorübergehend (Ausnahme Transfer-KUG) sein.

- Das Unternehmen hat alle zumutbaren Maßnahmen getroffen (Urlaubsgewährung, Arbeitszeit etc.) und dennoch ist der Ausfall nicht vermeidbar.

- Mindestens ein Drittel der Beschäftigten muss mehr als 10 % weniger Einkommen haben (ohne Auszubildende).

Persönliche Voraussetzungen

Die **betroffenen Beschäftigten** müssen in einer versicherungspflichtigen Beschäftigung stehen oder eine solche nach einer Ausbildung aufnehmen. Das Arbeitsverhältnis darf nicht gekündigt oder durch Aufhebungsvertrag beendet sein (kein Kurzarbeitergeld in der Kündigungsfrist!).
Zahlungen gibt es auch nicht für Schausteller oder Theaterunternehmen etc. und im Krankheitsfall. Theoretisch müssten die Kurzarbeiter/innen eine andere vermittelte Beschäftigung annehmen.

Also muss Kurzarbeitergeld vor dem Ausspruch von Kündigungen beantragt werden. Es könnte als eine Interessenausgleichsmaßnahme vereinbart werden, die zumindest für einen gewissen Zeitraum (bis zu sechs Monaten) hilft, Kündigungen zu vermeiden hilft.

Die Beschäftigten erhalten dann **60 %** (**67 %** mit einem Kind) der Entgeltdifferenz nach dem pauschalierten Nettoentgelt (Tabellen nach dem SGB III) für die Zeit der Kurzarbeit, wenn sie im Unternehmen versicherungspflichtig beschäftigt waren (keine Wartezeit).

Das Kurzarbeitergeld ist normalerweise auf eine Dauer bis zu **sechs Monate** befristet. Durch eine Verordnung der Bundesregierung ist diese Frist jedoch bis zum 30.6.2005 auf **15 Monate** und danach bis zum 30.6.2006 auf zwölf Monate verlängert worden.

Bis zu 15 Monate

Die Einführung von Kurzarbeit muss für das Unternehmen auch eine spürbare **Kostenentlastung** bringen, um eine Alternative zu Entlassungen zu sein. Die Ersparnis entspricht allerdings nicht genau dem Prozentanteil der Reduzierung, da der Unternehmer die so genannten Remanenzkosten allein zu tragen hat. Dies sind die Entgeltzahlungen für Feiertage, Urlaub sowie das so genannte Urlaubs- und Weihnachtsgeld und die darauf entfallenen Sozialabgaben, die auf Basis von 80 % des letzten Bruttoentgelts berechnet werden.

Konkrete Rechnungen

Beispiel:

Arbeitszeit: brutto:	Gehalt Sozialversich.	AG-Anteil	Summe	Differenz
100 %	€ 2500	ca. € 500	€ 3000	
50 %	€ 1250	ca. € 250 + € 250	€ 1750	€ 1250 = 41,7 %

Bei einer Arbeitszeitverkürzung ohne Lohnausgleich hätte der Unternehmer also eine **Kostenreduzierung** von **ca. 42 %**. Allerdings ist die Voraussetzung von Kurzarbeitergeld, dass die Arbeitsreduzierung von vorübergehender Dauer ist. Kann dies nicht prognostiziert werden, haben die Beschäftigten keinen Anspruch auf Leistungen des Agentur für Arbeit. Die Arbeitszeitverkürzung würde dann voll auf das Nettogehalt durchschlagen.

Betriebsräte könnten sich dazu entschließen, solche Modelle zu empfehlen, denn wenn alle 10 % weniger arbeiten und 10 % brutto Einkommensverlust hinnehmen, können bis zu 10 % der Stellen „gerettet" werden. Denkbar wäre auch eine Staffelung von Arbeitszeitverkürzungen in Abhängigkeit von persönlichen und sonstigen Voraussetzungen, wie zum Beispiel der eigenen Gesamtarbeitszeit, wenn viele nur 30 oder weniger Stunden in der Woche arbeiten.
Kürzen einige ¼ oder ½ ihrer Arbeitszeit können damit entsprechende Stellen (Rechenmodell nötig) gesichert werden.
Aber Achtung! All dies können die Betriebsräte nicht über die Köpfe der Beschäftigten und der Tarifvertragsparteien vereinbaren. Die regel-

Denkmodelle

Vorrang Tarifvertrag	mäßige Arbeitszeit ist i.d.R. im **Tarifvertrag** festgeschrieben und den Betriebspartnern nur eingeschränkt (z.B. durch Tarifvertrag zur Beschäftigungssicherung) zugänglich. Die persönliche Arbeitszeit kann **einzelvertraglich** festgelegt sein. Die Beschäftigten würden Teilzeitarbeit leisten. Dazu müssen dann aber die einzelnen Arbeitsverträge angepasst werden. Dies ginge nur durch Vereinbarungen zwischen den einzelnen Beschäftigten und dem Unternehmer oder ggf. durch Änderungskündigungen.
Alle oder Gruppen	Wenn also die Beschäftigten mitmachen und der Tarifvertrag nicht dagegen steht, so ist die Beschäftigung aller für einen Zeitraum von sechs bis 18 Monaten gesichert, auch wenn geringe Gehaltsreduzierungen hinzunehmen wären. Dies wäre eine sehr solidarische Lösung. Sollten nicht alle mitmachen können oder wollen, so wäre es möglich, Kurzarbeit ausschließlich für die betroffenen Beschäftigten anzuordnen. Dadurch wäre ebenfalls eine erhebliche Kostenentlastung realisierbar. Mit der so genannten „Kurzarbeit Null" (100 % Arbeitszeitreduzierung) würde das Unternehmen über 90 % der Kosten einsparen, jedoch hätten die betroffenen Beschäftigten auch nur noch 60 % bzw. 67 % ihres bisherigen Nettogehaltes zur Verfügung.

Betriebsratspraxis:
Frühzeitig den Unternehmer auf die Möglichkeiten der Kurzarbeit hinweisen, bevor Kündigungen unumgänglich sind. Nachteile für die Beschäftigten möglichst vermeiden. Ausgleichszahlungen des Unternehmens sind möglich, sodass es „netto" beim gleichen Entgelt bleibt. Die Beratung durch die Bundesagentur für Arbeit und die Gewerkschaft nutzen.

2.2 Förderung des Übergangs in eine neue Beschäftigung (Transferagentur)

Die Kolleginnen und Kollegen, die von einer Kündigung betroffen sind, kommen in eine Übergangssituation, die psychologisch gesehen als „Transition" verstanden wird. Damit wird der Begriff „Transfer" um die inhaltliche Dimension des Veränderns erweitert. Die Betroffenen müssen u.a. mit der Notwendigkeit, persönliche berufliche Übergänge als eher wahrscheinliche bzw. selbstverständliche Ereignisse zu verstehen, konfrontiert werden. Dies ist eine Aufgabe, die inhaltlich und qualitativ durch begleitende Transfermaßnahmen zu leisten ist.
Die Betroffenen sollen die Möglichkeit haben, entsprechendes an dieser Stelle lernen und Erfahrungen zu sammeln. Ihnen wird die Möglichkeit geboten, mit mentalen und emotionalen Barrieren umzugehen. Dies ist auch vor dem Hintergrund der sich verändernden Vermittlungslandschaft zunehmend wichtig und hat auch weitergehende (nachhaltigere) Auswirkungen als der reine Transfer.

Transferagentur als Alternative

Ist eine Transfergesellschaft nicht finanzierbar oder kommt aus anderen Gründen nicht in Betracht, wäre auch die Einschaltung einer Transferagentur denkbar. Solche Gründe könnten sein, dass die Beschäftigten schon alle hervorragend qualifiziert sind oder in der Übergangszeit bis zum 31.1.2006 eine Überleitung in eine Transfergesellschaft nicht lohnt. Wer nämlich erst ab dem 1.2.2006 arbeitslos wird, hat nur noch 12/18 Monate Anspruch auf das Arbeitslosengeld I, bis zum 31.1.2006 sind es noch bis zu 32 Monate. Dabei werden die Beschäftigten während der Kündigungsfrist im bisherigen Unternehmen beraten und betreut. In einem „Coaching-Programm" werden die Betroffenen betreut und begleitet.

Ein solches Programm umfasst beispielsweise

- Potenzialanalyse (Profiling) und Berufswegplanung,
- Bewerbungstraining,
- Herausarbeiten persönlicher Stärken und Schwächen,
- Klärung neuer Anforderungen (Mobilität, Einkommenshöhe, Arbeitsbedingungen etc.),
- Bearbeitung von persönlichen psychischen Problemen bezüglich des Ausscheidens,
- Hilfe bei der Verarbeitung des Arbeitsplatzverlustes sowie das
- Aufzeigen persönlicher Lebensperspektiven (Beruf, Familie, Alternativen zur Erwerbsarbeit etc.).

Derartige Programme werden von der Bundesagentur für Arbeit nach § 261a SGB III mit bis zu € 2500 je Person gefördert. Voraussetzung ist, dass das Unternehmen Mittel in mindestens gleicher Höhe zur Verfügung stellt.

Zu den obigen Programm können noch Kurzqualifizierungen oder weitergehende Förderungen durch die Arbeitsagenturen hinzukommen.

Betriebsratspraxis:
Wichtig ist die Auswahl einer „guten" am Markt erfolgreichen Agentur. Die PSA der Bundesagentur für Arbeit sind oftmals nicht sehr erfolgreich. Dies ist vor Ort mit der/dem Gewerkschaftssekretär/in zu klären.

2.3 Förderung von Transfer in einer betrieborganisatorisch eigenständigen Einheit (beE)

Betriebliche Voraussetzungen

Es besteht ein Anspruch auf Kurzarbeitergeld zur Förderung der Eingliederung bei betrieblichen Restrukturierungen (Transferkurzarbeitergeld), wenn nachfolgende Bedingungen erfüllt sind. Diese Leistung (§ 216b SGB III) soll zur Vermeidung von Entlassungen und zur Verbesserung der Vermittlungsaussichten dienen. Voraussetzungen sind:

- Es handelt sich zumindest für eine Gruppe von Beschäftigten um einen dauerhaften (Ende also nicht absehbar) unvermeidbaren Arbeitsausfall mit Entgeltausfall.
- Infolge einer Betriebsänderung im Sinne des § 111 BetrVG sind die Beschäftigungsmöglichkeiten für die Arbeitnehmer nicht nur vorübergehend entfallen.
- Im Betrieb sollen Personalanpassungsmaßnahmen auf Grund einer Betriebsänderung durchgeführt werden.
- Schließlich muss eine »betriebsorganisatorisch eigenständige Einheit« geschaffen werden, in der die betroffene Beschäftigten zusammengefasst sind.

Intern oder extern

Die **betriebsorganisatorisch eigenständige Einheit** (beE) kann im bisherigen Unternehmen gebildet, aber auch als selbststständige Beschäftigungs- und Qualifizierungsgesellschaft (BQG) oder Transfergesellschaft (anderer Name, aber inhaltlich gleich) ins Leben gerufen werden. Oft empfiehlt die Arbeitsverwaltung den Anschluss an eine schon bestehende Gesellschaft, soweit sich diese in erreichbarer Nähe befindet. Wird die beE errichtet, müssen mindestens die Grenzwerte des § 17 Abs. 1 KSchG erreicht sein (je nach Betriebsgröße mindestens zwischen fünf und 30 Arbeitnehmer). Bei späteren Aufstockungen ist dies nicht mehr erforderlich; auch der in § 17 KSchG genannte Zeitraum von 30 Tagen spielt keine Rolle.

Weitere **Voraussetzungen** müssen bei den Personen vorliegen, die in die beE oder Transfergesellschaft wechseln wollen:

Persönliche Voraussetzungen

- Sie müssen vor dem Übergang in die Transferkurzarbeit an einer Maßnahme zur Feststellung der Eingliederungsaussichten teilgenommen haben (Profiling). In eng umschriebenen Ausnahmefällen kann die Maßnahme im ersten Monat der Kurzarbeit nachgeholt werden.
- Ferner müssen sie persönlich von Arbeitslosigkeit bedroht sein.
- Der Arbeitnehmer setzt nach Beginn des Arbeitsausfalls eine versicherungspflichtige Beschäftigung fort oder nimmt im Anschluss an die Beendigung eines Berufsausbildungsverhältnisses eine solche Tätigkeit auf.
- Sie dürfen nicht vom Kurzarbeitergeldbezug ausgeschlossen sein.

Treten bei den Betroffenen **Qualifizierungsdefizite** zutage, so soll der Arbeitgeber geeignete Maßnahmen zur Verbesserung der Eingliederungsaussichten anbieten. Während des Bezugs von Transferkurzarbeitergeld hat der Arbeitgeber nach § 216b Abs. 6 Satz 1 SGB III den geförderten Arbeitnehmern **Vermittlungsvorschläge** zu unterbreiten; dies setzt allerdings voraus, dass freie Arbeitsplätze vorhanden sind und er davon erfährt. Allerdings schließt § 216b Abs. 7 SGB III einen Einsatz im Unternehmen und Konzern im Anschluss an die Kurzarbeit generell aus.

Vermittlung aus der beE

Die Zeit der Zuordnung zur beE soll dazu genutzt werden, die **Vermittlungsaussichten** der Arbeitnehmer zu **verbessern**. § 175 Abs. 1 Satz 3 und 4 SGB III sehen hierfür insbesondere Maßnahmen beruflicher Qualifizierung vor, wozu auch eine zeitlich begrenzte Beschäftigung bei einem anderen Arbeitgeber gehören kann („learning on the job"). Möglich ist weiter, die Arbeitnehmer vorübergehend einem anderen Arbeitgeber als normale Arbeitskräfte zur Verfügung zu stellen, doch darf dabei eine Frist von sechs Monaten nicht überschritten werden. Ein Einsatz im bisherigen Betrieb kommt nicht in Betracht, da damit die Voraussetzungen der Kurzarbeit („Arbeitsmangel") beseitigt würden. Die Durchführungsanweisung der Bundesagentur lässt jedoch einen vorübergehenden Einsatz als Krankheits- oder Urlaubsvertretung oder bei unerwartet hohem Arbeitsanfall zu (DKK, BetrVG, §112 Rn. 182.). Eine Qualifizierung für einen anderen Arbeitsplatz im bisherigen Betrieb oder Unternehmen/Konzern wird durch § 216b Abs. 7 SGB III ausgeschlossen. Diese Kosten der Weiterqualifizierung muss das Unternehmen selbst übernehmen. Schlägt jedoch eine Qualifizierungsmaßnahme fehl, indem das Ziel der anschließenden Beschäftigung bei einem anderen Arbeitgeber nicht erreicht wird, so steht der Rückkehr des Arbeitnehmers in den bisherigen Betrieb seinem Anspruch auf Transferkurzarbeitergeld nicht entgegen (§ 216b Abs. 6 SGB III).

Sinn der beE

Das Transferkurzarbeitergeld entspricht im Wesentlichen dem Arbeitslosengeld. In der Praxis erfolgt häufig eine Aufstockung auf 80 % oder 90 %. Die Anspruchsdauer beträgt nach § 216b Abs. 8 SGB III **längstens zwölf Monate.** Anders als bisher besteht keine Möglichkeit mehr, die Dauer zu verlängern. Zeiten „normaler" Kurzarbeit werden angerechnet, es sei denn, zwischen ihnen und der Transferkurzarbeit würden mindestens drei Monate liegen (§ 216b Abs. 10 in Verbindung mit § 177 Abs. 3 SGB III).

Anspruchsdauer

Betriebsratspraxis:
Achtung: Die Übergangsfrist für das längere Arbeitslosengeld I läuft am 31.1.2006 aus! Wer bei einer Transfergesellschaft über den 1.2.2006 hinaus beschäftigt ist, hat nur noch zwölf (bzw. 18) Monate Anspruch auf Alg I. Der Betriebsrat muss prüfen, ob eine Transferagentur die bessere Wahl ist.

2.4 Förderung von Transfer-/ Qualifizierungsgesellschaften

Begriff und Aufgaben

Unter dem Begriff Transfer- oder Qualifizierungsgesellschaft wird eine Firma verstanden, die außerhalb des ursprünglichen Unternehmens und Konzerns gegründet oder beauftragt wird und verschiedene Aufgaben hat.

- Sie sichert die befristete Weiterbeschäftigung der im Ursprungsunternehmen entlassenen Personen und ermöglicht deren „Transfer" in andere Beschäftigungen.
- Sie sichert die Qualifizierung der Beschäftigten auf verschiedenen Ebenen (Weiter-, Fort- bzw. Ausbildung).
- Sie führt zu einer sofort wirksamen Personalkostenreduzierung, da die übergehenden Beschäftigten dies freiwillig ohne Einhaltung von Kündigungsfristen tun. Damit können laufende Kosten in kalkulierbare Einmalaufwendungen umgewandelt werden.
- Sie wird mit verschiedenen Hilfen von der Arbeitsagentur gefördert.

Die Beschäftigten gehen in die Qualifizierungsgesellschaft über und erhalten dort **Transferkurzarbeitergeld.** Kündigungsfristen müssen nicht abgewartet werden, da der Übergang in der Regel durch einen Aufhebungsvertrag geregelt wird. Gleichzeitig gibt es den neuen Arbeitsvertrag (maximal für ein Jahr) mit der Qualifizierungsgesellschaft. An dieser dreiseitigen Regelung ist der Betriebsrat zu beteiligen und die Grundbedingungen sind in einer Betriebsvereinbarung oder dem Sozialplan festzuhalten. Zwischen dem alten Unternehmen und der Qualifizierungsgesellschaft muss es auch vertragliche Vereinbarungen geben. Zu regeln sind die Kostenübernahmen, die Ausstattung und der Leistungsumfang der Gesellschaft (zur Finanzierung vgl. 2.4.4).

2.4.1 Aufgaben einer Transfergesellschaft im Einzelnen

Die von der Transfergesellschaft übernommenen Beschäftigten werden intensiv beraten. Es wird vermittelt, wie eine optimale **Bewerbung** zu schreiben und was in **Bewerbungsgesprächen** zu beachten ist, um sich „gut verkaufen" zu können. Es wird festgestellt, welche Qualifikationen, Fähigkeiten und sonstige Kenntnisse sie haben und welche sie noch benötigen. Daraus wird ein Plan entwickelt, wie die Vermittlungschancen erhöht werden können und eine neue Beschäftigung erreicht werden kann.

Die Transfergesellschaft vermittelt dann **Qualifizierungsmöglichkeiten,** um beispielsweise mangelnde Sprachkenntnisse auszugleichen oder das vorhandene Wissen zu modernisieren. Im Extremfall könnte auch eine Erstausbildung erforderlich sein.

Auch die Förderung von Selbstständigkeit ist eine Aufgabe der Transfergesellschaft, indem sie entsprechende Beratung entweder selbst zur Verfügung stellt oder vermittelt. Hinzukommen können Altersteilzeitregelungen oder Übergänge in die Rente. Schließlich ist auch die Vermittlung in ein so genanntes **Zweitarbeitsverhältnis** möglich. Das bedeutet, dass die in der Transfergesellschaft Beschäftigten bei einer anderen Firma ein Arbeitsverhältnis beginnen können, ohne das Arbeitsverhältnis in der Transfergesellschaft zu beenden. Sie haben daher eine Sicherung für den Fall, dass es bei der neuen Firma nicht klappt. Die neue Firma wiederum hat ein sehr geringes Risiko, da sie sich jederzeit von den übernommenen Beschäftigten trennen kann.

Erst testen, dann einstellen

Ohne Risiko für einen neuen Unternehmer ist die Möglichkeit, die möglichen künftigen Beschäftigten in einem **Praktikum** kennen zu lernen. Kosten entstehen auch keine, da das bisherige Arbeitsverhältnis bestehen bleibt und auch die Bezahlung daraus erfolgt.

Die Praktika werden im Übrigen von den Agenturen für Arbeit als eine Form der Qualifizierung während der Kurzarbeit anerkannt (maximal sechs Monate).

Die Qualifizierungsgesellschaft kann Beschäftigte an andere Firmen auf Zeit überlassen **(Arbeitnehmerüberlassung)**. Sinn solcher Maßnahmen soll die Erprobung in einem neuen Arbeitsverhältnis sein. Es darf nicht um Gewinne für die Qualifizierungsgesellschaft gehen. Die Anforderung muss sein, dass tarifvertragliche Leistungen gewährt werden und keine Ungleichbehandlung im Verhältnis zu den anderen Beschäftigten im aufnehmenden Betrieb erfolgt (gleiche Bezahlung = equal pay!). Deshalb sollte der Entleiher sich auch verpflichten, den Beschäftigten bei Eignung in ein unbefristetes Arbeitsverhältnis zu übernehmen.

Es besteht die Möglichkeit, auf Zeit in eine neue Firma einzutreten. Während dieses **befristeten Beschäftigungsverhältnisses** ruhen der Anspruch auf Kurzarbeitergeld und das bisherige Arbeitsverhältnis. Kommt es nicht zu einem unbefristeten Arbeitsvertrag, kann es wieder aufleben. Das Risiko, nur befristet unterzukommen, wird minimiert.

Auch die für die **Gründung** einer **selbstständigen Existenz** notwendige Qualifikation ist eine Form der beruflichen Qualifizierung, die im Rahmen von Kurzarbeit erfolgen kann. Die notwendigen externen Beratungsangebote können vermittelt werden. Es gilt, die Finanzierung zu ermöglichen. Dafür kann im Sozialplan ein Topf vorgesehen werden. Aber auch die öffentlichen Mittel des Bundes, der Länder und der EG sind einzusetzen. Nicht zuletzt wird auch durch die Agentur für Arbeit eine Förderung (Überbrückungsgeld oder Ich-AG) gewährt.

2.4.2 Gestaltung einer Transfer-/Qualifizierungsgesellschaft

Nutzung bestehender Gesellschaften

Die Gründung und Betreuung solcher Gesellschaften müssen weder der Unternehmer noch der Betriebsrat übernehmen. Darauf haben sich mittlerweile Unternehmen spezialisiert. Es gibt bereits regional und überregional arbeitende Transfergesellschaften. Zu den Vorteilen der Einbeziehung einer bestehenden Gesellschaft zählt sicher die dort vorhandene Erfahrung und Sicherheit für funktionierende Lösungen. Nachteilig könnte sein, dass der regionale Bezug fehlt, wenn es sich um eine überregionale große Gesellschaft handelt.

Die Rechtsform ist beliebig. Besonders interessant dürfte eine GmbH sein. Der Gründungsaufwand ist gering und das Risiko beschränkbar. Auch könnte diese Gesellschaft als „gemeinnützig" anerkannt werden und damit steuerliche Vorteile nutzen.

2.4.3 Ablauf in einer Transfer-/Qualifizierungsgesellschaft

In der Qualifizierungsgesellschaft werden den Beschäftigten verschiedene Angebote gemacht:

Maßnahmenvielfalt

- Beratung zur beruflichen Neuorientierung,
- Outplacement- oder Kompetenz-Beratung,
- Job- und Bildungsbörse (der Agentur für Arbeit und andere),
- individuelle Berufsberatung,
- Anpassungsqualifizierung sowie
- Aus- und Weiterbildung.

Neben den fachlichen Qualifikationen auf dem „Papier" (Gesellenbrief etc.) ist für den Erfolg bei der Suche nach einer neuen Tätigkeit auch die persönliche **berufliche Neuorientierung** wichtig. Diese kann in vier verschiedene Schritte aufgeteilt werden:

Schritt für Schritt

1. Schritt:
Der **Verlust** des Arbeitsplatzes muss erst einmal **verarbeitet** werden. Wut und Erbitterung über die erlittene Schmach nutzen nichts – sie verhindern eher eine positive Neuentwicklung und binden alle für die Arbeitsplatzsuche benötigten Energien. Die heimliche Hoffnung auf die Rückkehr zum alten Arbeitsplatz muss aufgegeben werden, um für neue Möglichkeiten offen zu sein.

2. Schritt:
Der eigene Wert und die **vorhandene Kompetenz** sind außerhalb des

bisherigen Jobs zu finden und über die bisherige Arbeitserfahrung hinaus zu erweitern. Vielleicht wurden in noch früheren beruflichen Situationen, in ehrenamtlichen Tätigkeiten oder Freizeitaktivitäten Erfahrungen erworben oder Fähigkeiten unter Beweis gestellt, an die nun angeknüpft werden kann. Diese breitere Palette der Kompetenz und Fähigkeiten sollen motivieren und bei einer Neuorientierung helfen.

3. Schritt:
Die eigenen **Stärken und Schwächen** sind zu analysieren. Es wird festgestellt, worauf aufgebaut werden kann, was weiterentwickelt werden muss, welche Möglichkeiten auszuschließen (wegen gesundheitlicher Beeinträchtigungen oder dergleichen) und welche mit Bildungsmaßnahmen zu erreichen sind.

4. Schritt:
Das Ergebnis des 3. Schrittes ist im Idealfall, dass ein persönliches berufliches Projekt gefunden wurde. Nun sind **Strategien zur Arbeitsplatzsuche** bewusst zu entwickeln und die notwendigen Qualifizierungen werden begonnen.

2.4.4 Finanzierung der Transfer-/Qualifizierungsgesellschaft

Die Finanzierung kann ganz einfach sein, wenn etwas längere Kündigungsfristen zur Verfügung stehen. Dadurch, dass die Beschäftigten sofort – ohne Einhaltung einer **Kündigungsfrist** – in die Transfergesellschaft wechseln können, spart das Unternehmen die Personalkosten für die Weiterbeschäftigung in der Kündigungsfrist. Mit diesen Mitteln kann die Beschäftigung und Qualifizierung in der Transfergesellschaft bezahlt werden. Ungefähr können wir sagen, dass mit einem Bruttomonatsgehalt ca. 1,5 bis 2 Monate Beschäftigung in der Transfergesellschaft finanzierbar sind, je nach Höhe des Aufstockungsbetrages. Anzustreben ist aber, dass die Beschäftigten die Transfermaßnahme nicht allein finanzieren, sondern vorrangig das Unternehmen.

Keine zusätzlichen Kosten

Auch die Agentur für Arbeit (ehemals Arbeitsamt) kann an der Finanzierung beteiligt werden. Sie kann **Zuschüsse zu Transfermaßnahmen** bis zu € 2500 je Person (§ 216a SGB III) erbringen. Förderungsfähig wären beispielsweise Maßnahmen

Agentur für Arbeit beteiligt sich

- zur Feststellung der Leistungsfähigkeit, der Arbeitsmarktchancen und des Qualifizierungsbedarfs,
- zum Abschluss einer begonnenen Berufsausbildung,
- zur beruflichen Weiterbildung,
- zur Förderung der Aufnahme einer Beschäftigung und

- zur Vorbereitung der Gründung und Begleitung einer selbstständigen Existenz.

Die in der Qualifizierungsgesellschaft tätigen Beschäftigten könnten ferner Anspruch auf **Eingliederungsbeihilfen** haben. Soweit Beschäftigte in Kurzarbeit die persönlichen Voraussetzungen erfüllen, könnten **individuelle Qualifizierungsmaßnahmen** förderungsfähig sein. Die Qualifizierungen könnten auch für Dritte erbracht werden und damit den Anspruch auf Leistungen der Agentur für Arbeit erwerben. Die Kosten sind insgesamt kalkulierbar und können von Beratungsfirmen, die sich auf diese Aufgaben bereits spezialisiert haben, dargelegt werden.

Letztlich ist wohl ein sehr wichtiges Förderungsinstrument das so genannte **Transferkurzarbeitergeld**. Die Agentur für Arbeit fördert damit auch Qualifizierungsgesellschaften (§ 216b SGB III). Der Anspruch auf diese Form des Kurzarbeitergeldes ist an mehrere Bedingungen geknüpft:

Voraussetzungen

1. Es muss Strukturänderungen im Betrieb geben, die zu erheblichen Entlassungen führen.
2. Das Transferkurzarbeitergeld wird zur Verhinderung einer drohenden Massenentlassung oder nach Beendigung des Arbeitsverhältnisses gewährt.
3. Die Betroffenen müssen eine Feststellung ihrer Eingliederungsaussichten absolviert haben.
4. Die Zusammenfassung der Beschäftigten erfolgt in einer betriebsorganisatorisch eigenständigen Einheit (z. B. Transfergesellschaft).
5. Die Transfergesellschaft muss vermittelnd tätig werden

    und

6. die Beschäftigten werden **nicht** nach der Qualifizierung oder nach einer Übergangszeit beim bisherigen Unternehmer wieder beschäftigt.

KUG plus Aufstockung

Da die Beschäftigten in den Qualifizierungsgesellschaften nicht beschäftigt, sondern qualifiziert werden, ist **„Kurzarbeit Null"** anzuordnen und der Anspruch auf Transferkurzarbeitergeld gegeben. Diese Zahlungen werden für Qualifizierungen bis zu zwölf Monaten gewährt. Die Ansprüche betragen 60 % (67 % mit einem Kind) des von der Agentur für Arbeit errechneten Nettoentgeltes. Im Sozialplan kann ein „Aufstockungsbetrag" auf diese Zahlungen festgelegt werden, so dass ein höheres Nettoentgelt übrig bleibt.

Als weitere Kosten für die Unternehmer sind die Betriebskosten der Qualifizierungsgesellschaft zu berücksichtigen und die Kosten für die Bildungsmaßnahmen selbst. Pauschal können unter Einbeziehung der

Leistungen der Agentur für Arbeit und Mitteln aus dem europäischen Sozialfonds zur Förderung der Qualifizierungsmaßnahmen mit einem Bruttomonatsgehalt ca. 1,5 Monate in der Qualifizierungsgesellschaft einschließlich der Aufstockung auf 80 % des Nettos finanziert werden. Bei geringen Aufzahlungen kann sich der Zeitraum verlängern. Übrigens sind hohe Zahlungen nicht immer wünschenswert, da sie auch die Eigenaktivitäten der Betroffenen verringern können.

Der Betriebsrat wird sich von den Trägern von Qualifizierungsgesellschaften beraten lassen und diese können eine genaue Kostenanalyse vornehmen. In Absprache mit der jeweiligen Arbeitsagentur (Arbeitsamt) können auch die Maßnahmen und die Förderungen vorab geklärt werden. Damit ist die tatsächliche Kostenbelastung des Unternehmens erkennbar und im Sozialplan verhandelbar.

Freiwilliger Arbeitgeberwechsel

Betriebsratspraxis:
Auch das Unternehmen hat ein Interesse an dem Übergang der Beschäftigten in die Transfergesellschaft. Es ist diese und damit die Kosten – ohne Kündigungsfristen – und ohne Risiko von Klagen sofort los. Auch werden die Kosten für Sozialabgaben und Bereitstellen des Arbeitsplatzes gespart. Dies sollte zu einer finanziellen Beteiligung des Unternehmens führen, sodass nicht die Beschäftigten allein mit ihrer Kündigungsfrist alles finanzieren.

2.4.5 Auswahl der Beschäftigten für die Qualifizierungsgesellschaft

Problematisch ist bei dem Übergang in eine Qualifizierungsgesellschaft, dass es sich nicht um einen Betriebsübergang mit allen Rechten und Pflichten handelt. Es ist ein **freiwilliger Akt** der Betroffenen, das bisherige Unternehmen zu verlassen und im neuen Unternehmen – der Qualifizierungsgesellschaft – ein neues Arbeitsverhältnis zu beginnen. Die Beschäftigten, die für eine Qualifizierung vorgesehen wurden, könnten dem also widersprechen oder sich weigern, entsprechende Vereinbarungen zu unterschreiben. Doch die Alternative wäre in der Regel der Verlust des Arbeitsplatzes.

Daraus ergibt sich eine wichtige Frage, die einer Regelung bedarf: Bekommen sie dann eine Abfindung oder findet eine erneute Sozialauswahl statt? Steht die Möglichkeit einer Qualifizierung für alle auf dem Spiel, weil zu wenig Beschäftigte mitmachen? Es ist zu überlegen, wie dieses Ergebnis vermieden werden kann. Zu denken wäre an eine Sozialplanregelung, bei der es ausdrücklich nur **eine Liste** gibt, auf der die zu qualifizierenden Beschäftigten benannt werden. Diese Liste wird einvernehmlich mit den Beschäftigten erstellt. So wird es nicht zu Widersprüchen kommen.

Auf der anderen Seite ist die Aufstellung einer Liste zur Qualifizierung gleichzeitig die Bestimmung der zu entlassenden Beschäftigten. Wenn ich von einem Kreis von Betroffenen einen Teil für Qualifizierungsmaßnahmen vorsehe, habe ich automatisch einen anderen Teil, der entlassen werden soll. Damit kann eine **Sozialauswahl** im herkömmlichen Sinn nicht mehr stattfinden.

Nicht nur den Kündigungsschutz „abkaufen"

Ein weiterer Verlust ergibt sich für Beschäftigte, die einem **besonderen** gesetzlichen **Kündigungsschutz** unterliegen, wie schwerbehinderte Menschen, Betriebsratsmitglieder, langjährig beschäftigte ältere Arbeitnehmer, die in vielen Tarifverträgen ordentlich nicht mehr kündbar sind, und andere besonders geschützte Beschäftigte. Sie geben mit der freiwilligen Beendigung des Arbeitsverhältnisses ihren Kündigungsschutz auf. Im neuen Unternehmen wird nur ein befristetes Arbeitsverhältnis abgeschlossen, sodass ein besonderer Kündigungsschutz nicht entsteht.

Der Betriebsrat wird darauf achten, dass nicht „zufällig" insbesondere den geschützten Beschäftigten ein Übergang in eine Qualifizierungsgesellschaft angeboten wird.

2.4.6 Qualität der Qualifizierung

Zu unterscheiden sind Beschäftigungsgesellschaften von Transfer-Qualifizierungsgesellschaften. Es geht eben nicht darum, die Beschäftigten lediglich in eine Warteschleife zu schicken, sondern um die Verbesserung ihrer Vermittlungschancen.

Erfolg durch hohe Qualität

Wenn es jedoch das Ziel eines aktiven Sozialplanes ist, Arbeitslosigkeit der Betroffenen zu vermeiden, muss zwangsläufig eine hohe Qualität der Qualifizierungsgesellschaft gefordert werden. Nur eine ernsthafte Erstberatung stellt sicher, dass die Betroffenen ihre eigenen Fähigkeiten und Kenntnisse erkennen und Selbstbewusstsein sammeln können. Nur **tatsächliche Qualifizierung** in zukunftsträchtige Berufsfelder stellt sicher, dass Beschäftigte mit veralteten Berufskenntnissen neue Vermittlungsaussichten erlangen.

Betriebsratspraxis:
Die Erfahrungen der Gewerkschaftssekretäre vor Ort sind die wichtigste Informationsquelle vor einer Entscheidung. Dazu der Austausch mit Betriebsratskollegen aus anderen Unternehmen.

2.5 Weitere Förderungsmöglichkeiten

Das SGB III hat noch weitere Förderungsmöglichkeiten parat. So beispielsweise:

- Arbeitsbeschaffungsmaßnahmen,
- Eingliederungszuschüsse für behinderte Menschen,
- Förderung der Beschäftigung von jungen Menschen,
- Beschäftigung schaffende Infrastrukturförderung sowie
- Eingliederungszuschüsse für die Beschäftigung älterer Menschen.

Allen diesen Maßnahmen ist aber gemeinsam, dass es um die Schaffung neuer Arbeitsplätze geht. Thema dieses Buches ist jedoch die Sicherung vorhandener Arbeitsplätze, sodass diese weiteren Maßnahmen an dieser Stelle außer Betracht bleiben.

3. Arbeitszeitverkürzung

Seit vielen Jahren hören wir immer die gleichen Argumente: „Die Kosten sind zu hoch, wir müssen Personal reduzieren, da alles andere bereits ausgereizt ist."

Einnahmen schaffen statt nur Ausgaben kürzen

Das Management reduziert seine Tätigkeit auf Kosteneinsparung. Die Aufgabe, als „Unternehmer" tätig zu werden, eben etwas zu unternehmen, neue Märkte oder neue Produkte zu erschließen, tritt in den Hintergrund. Leider haben die Beschäftigten nicht die Möglichkeit, sich ihre Manager auszusuchen, stattdessen erhalten diejenigen unter den Führungsmitgliedern, die versagt haben, noch großzügige Abfindungen, wenn sie rausgeschmissen werden – und der nächste hochdotierte Job wartet für sie schon um die Ecke. Also gilt es, sich mit den gestellten Forderungen auseinander zu setzen und darauf zu reagieren.

Ob es im Einzelfall im Betrieb wirklich Sinn macht, auf materielle „Besitzstände" wie Sozialleistungen, Lohn oder Wochenarbeitszeit zu verzichten, kann nicht pauschal beantwortet werden. Das ist vor Ort mit der Gewerkschaft und den sachverständigen Beratern der Betriebsräte zu klären. Hier können nur denkbare Einsparmöglichkeiten vorgestellt werden.

Übrigens: Das Argument, dass im Bereich der Sachkosten keine Einsparungen mehr möglich sind, wird auch schon seit Jahren wiederholt, damit aber nicht wahrer. Als kleines Beispiel sei auf das Buch von Johanna Joppe u.a., Kosten senken jetzt!, verwiesen, in dem über 100 Praxistipps zur Kosteneinsparung vorgestellt werden (Joppe u.a., Kosten senken jetzt! Das A-Z-Programm zur Umsetzung im Unternehmen, 2003).

3.1 Arbeitszeitverkürzung für alle

Tarifvertrag geht vor

Die Rechnung ist ja immer gleich: Wenn von 100 Beschäftigten jeder auf 10 % seiner Arbeitszeit ohne Lohnausgleich verzichtet, dann hat das den Effekt der Vermeidung einer Kündigung von zehn Kolleginnen und Kollegen. Eine solche Regelung können die Betriebsräte jedoch in der Regel wegen des Tarifvorbehalts in § 77 BetrVG nicht vereinbaren. Denn die Tarifverträge schreiben die Arbeitszeit fest und dürfen nicht durch Betriebsvereinbarungen unterlaufen werden.

Auch in einem Sozialplan können tarifvertragliche Rechte nicht einfach gekürzt werden. Die Klausel in § 112 BetrVG, wonach der Tarifvorbehalt für Sozialpläne nicht gilt, betrifft beispielsweise Tarifverträge zum Rationalisierungsschutz. So besteht ein Anspruch auf einen Sozialplan auch dann, wenn bereits ein Tarifvertrag zum Rationalisierungsschutz mit

Sozialplanregelungen existiert. In andere tarifliche Regelungen wie die Arbeitszeit oder das Entgelt kann durch einen Sozialplan nur eingegriffen werden, wenn dies im Tarifvertrag ausdrücklich erlaubt ist. In allen anderen Fällen greift das so genannte „Günstigkeitsprinzip": Die Beschäftigten dürfen sich auf die günstigere Regelung berufen und können dann beispielsweise fehlende Gehaltsanteile einklagen.

Bei der Reduzierung der Arbeitszeit sind daher oft Anreize für die Beschäftigten üblich. So kann beispielsweise ein Angebot sein, dass die Arbeitszeit um 50 % gekürzt wird, das Gehalt aber nur um 25 % oder in ähnlichen Größenordnungen. Das Unternehmen hat den Vorteil, dass es sofort Kosten einspart, die möglicherweise vorhandenen Arbeitszeitüberkapazitäten eindämmt und sehr schnell auf einen Aufschwung reagieren kann. Für die Beschäftigten schlägt eine Reduzierung nicht sofort zu 100 % auf das Einkommen durch, sodass derartige Angebote eher angenommen werden.

Freiwillige Anreize

Gegen den Willen der Betroffenen sind Regelungen nur möglich, wenn der Tarifvertrag selbst oder eine andere tarifliche Regelung eine Öffnungsklausel enthält. Dies ist beispielsweise für die IG-Metall Niedersachsen der Fall.

Betriebsratspraxis:
Vor der Vereinbarung von Arbeitszeitverkürzungen auf der betrieblichen Ebene immer die tariflichen Regeln beachten. Dazu Rücksprache mit der Gewerkschaft halten und intern (etwa mit dem Wirtschaftsausschuss) klären, ob die Lage des Unternehmens wirklich so schlecht ist, wie dies von der Unternehmensleitung dargestellt wird.

3.1.1 Tarifvertrag zur Beschäftigungssicherung

Die IG-Metall Niedersachsen hat für die Beschäftigten der niedersächsischen Metallindustrie Tarifverträge zur Beschäftigungssicherung abgeschlossen. Derartige Regelungen sind von den Betriebsparteien als Grundlage für ihre Betriebsvereinbarung zu beachten. Der Tarifvertrag zur Beschäftigungssicherung in der Fassung vom 1.7.2003 hat folgende wesentliche Inhalte:

Basis Tarifvertrag

§ 1 Geltungsbereich
(...)

§ 2 Absenkung der Arbeitszeit
(1) Zur Sicherung und zum Erhalt von Arbeitsplätzen können Arbeitgeber und Betriebsrat durch Betriebsvereinbarung die regelmäßige wöchentliche Arbeitszeit vorübergehend absenken auf die Dauer von unter 35 bis zu 29 Stunden einheitlich für den ganzen Betrieb oder Teile des Betriebes bzw. Gruppen von Mitarbeitern. Auch eine

unterschiedliche Absenkung der Arbeitzeit und eine unterschiedliche Dauer der Absenkung kann vereinbart werden. Vollzeitbeschäftigte mit so reduzierter tariflicher Arbeitzeit bleiben Vollzeitbeschäftigte.

(2) Für Beschäftigte mit einer individuellen regelmäßigen wöchentlichen Arbeitzeit von weniger als 35 Stunden wird die Arbeitzeit um dieselbe Stundenzahl abgesenkt wie bei Vollzeitbeschäftigten, jedoch nicht unter 20 Stunden. Die Betriebsparteien können davon abweichende Regelungen treffen.

(3) Grundsätzlich wird während der Absenkung der Arbeitzeit zur Sicherung der Beschäftigung den Betroffenen gegenüber keine betriebsbedingte Kündigung ausgesprochen. Sollte dennoch eine betriebsbedingte Kündigung im Sinne des § 1 KSchG erforderlich sein, wird die Entlassung infolge der betriebsbedingten Kündigung frühestens zwei Monate nach dem Ende der Absenkung der Arbeitzeit wirksam.

(4) Die Monatslöhne und -gehälter und von ihnen abgeleitete Leistungen vermindern sich entsprechend der verkürzten Arbeitszeit, nicht jedoch die Ausbildungsvergütungen.

(5) Um die Absenkung der Monatslöhne und -gehälter zu vermeiden oder zu vermindern, können die Betriebsparteien Ausgleichszahlungen vereinbaren, die mit den tariflichen Jahresleistungen (betriebliche Sonderzahlung und/oder zusätzliche Urlaubsvergütung) verrechnet werden. Der Anspruch auf diese tariflichen Leistungen vermindert sich entsprechend.

(6) Durch Kündigung ausscheidende Beschäftigte haben Anspruch auf die ihrer individuellen wöchentlichen Arbeitzeit (ohne Absenkung) entsprechende Vergütung für die letzten sechs Monate vor dem Ende des Arbeitsverhältnisses.

Soweit die Kündigung vor Beginn der Absenkung der Arbeitzeit zugeht, findet die Arbeitszeitabsenkung für die betreffenden Beschäftigten nicht statt.

Soweit die Kündigung während der Arbeitszeitabsenkung zugeht, gilt ab Zugang der Kündigung die vor der Arbeitszeitabsenkung geltende individuelle regelmäßige wöchentliche Arbeitzeit.

Die Beschäftigten sind verpflichtet, die durch die Absenkung der Arbeitzeit während der letzten sechs Monate vor dem Ende des Arbeitsverhältnisses ausgefallenen Stunden nachzuarbeiten.

Dieses gilt auch, soweit die Kündigung nach der Arbeitszeitabsenkung zugeht.

(7) Können sich Arbeitgeber und Betriebsrat bei vorübergehenden Beschäftigungsproblemen nicht über die Absenkung der tariflichen Arbeitzeit gem. Ziff. (1) einigen, entscheidet die tarifliche Schlichtungsstelle entsprechend § 4 Ziff. (3) und § 30 Ziff. (2) GMTV. Die Schlichtungsstelle kann eine Entscheidung für einen Streitgegenstand nur einmal und nur für die Dauer von längstens sechs Monaten treffen.

§ 3 Förderung der Ausbildung
Die Tarifvertragsparteien gehen für die Jahre 2003 und 2004 davon aus, dass die Mitgliedsbetriebe des Verbandes die Zahl von jeweils 1.107 Ausbildungsplätze multipliziert mit einem Beschäftigungsfaktor zur Verfügung stellen werden.
Die Tarifvertragsparteien werden sich bemühen, insbesondere die Ausbildung in IT-Berufen zu fördern, um zukunftsweisende Ausbildungsplätze zur Verfügung zu stellen.

§ 4 Übernahme von Auszubildenden
(1) Die Tarifvertragsparteien gehen davon aus, dass die Auszubildenden in der Regel nach bestandener Abschlussprüfung unbefristet in ein Vollzeitarbeitsverhältnis im Betrieb übernommen werden.
(2) Weicht der Arbeitgeber davon ab, so hat er den Auszubildenden gem. § 26 Ziff. IV (5) GMTV rechzeitig zu informieren und mit dem Betriebsrat rechtzeitig zu beraten. Der Auszubildende ist in diesem Fall befristet für mindestens zwölf Monate in ein Arbeitsverhältnis im Betrieb zu übernehmen, soweit dem nicht personenbedingte Gründe entgegenstehen.
(3) Mit Zustimmung des Betriebsrates kann von der Verpflichtung nach Ziff. (2) abgewichen werden, wenn das Angebot eines Arbeitsverhältnisses wegen akuter Beschäftigungsprobleme im Betrieb nicht möglich ist, oder der Betrieb über seinen Bedarf hinaus Ausbildungsverträge abgeschlossen hat. Verweigert der Betriebsrat seine Zustimmung, so entscheidet die tarifliche Schlichtungsstelle gem. § 30 Ziff. (2) GMTV. Sie soll innerhalb einer Woche nach ihrer Anrufung eine Entscheidung fällen.

§ 5 Ausgleichszeitraum
Abweichend von § 3 Ziff. (3) Abs. 3 Satz 3 GMTV muss die wöchentliche Arbeitszeit im Durchschnitt von längstens zwölf Monaten erreicht werden. In Ausnahmefällen kann mit Zustimmung der Tarifvertragsparteien auch ein längerer Ausgleichszeitraum vereinbart werden.

Mit diesen tarifvertraglichen Regelungen lassen sich also einheitliche Arbeitszeiten für alle Beschäftigten schaffen, die unter den Tarifvertrag fallen. Nur die nicht tarifgebundenen Beschäftigten (z.B. AT-Angestellte) müssten zusätzlich mit dem Unternehmen eine einzelvertragliche Regelung abschließen.

Mit dem Tarifvertrag werden zum einen die Korridore für mögliche Arbeitszeitverkürzungen bestimmt und zum anderen Schutzrechte für die Betroffenen geregelt. Arbeitszeitverkürzung unter 29 Stunden bzw. 20 Stunden bei Teilzeit ist nicht zulässig. Eine Absenkung der Einkommen erfolgt linear oder ist durch Ausgleichszahlungen auch auffangbar. Für die Betroffenen sollte ein Kündigungsschutz gewährt werden.

Kann dies nicht dauerhaft durchgehalten werden, so bleibt zumindest der Anspruch, wieder zu den vorherigen Bedingungen vor dem Eintritt der Kündigung beschäftigt zu werden (Arbeitslosengeld also nicht beeinträchtigt!).

Über zwölf Monate sollte es wieder zum Ausgleich der Reduzierungen kommen. Mit Zustimmung der Tarifvertragsparteien kann dieser Zeitraum auch verlängert werden. Kommt es nicht zu einer Einigung, so kann die tarifliche Schlichtungsstelle angerufen werden. Weitere Informationen erhalten Sie bei ihrer Gewerkschaft vor Ort.

3.1.2 Tarifvertrag zur Beschäftigungsförderung

Frühe Maßnahmen

Die IG-Metall hat mit dem Verband der Metallindustriellen für die Beschäftigten der niedersächsischen Metallindustrie neben dem Beschäftigungssicherungstarifvertrag einen Tarifvertrag zur Beschäftigungsförderung für den Zeitraum ab 1.7.2003 abgeschlossen. Die wesentlichen Inhalte sind:

§ 1 Geltungsbereich
(...)

§ 2 Absenkung der Arbeitszeit
(1) Um Einstellungen zu ermöglichen, können Arbeitgeber und Betriebsrat durch freiwillige Vereinbarung die Dauer der Arbeitszeit absenken, grundsätzlich auf bis zu 17,5 Stunden in der Woche. Dies kann einheitlich oder unterschiedlich vereinbart werden, sowohl für den ganzen Betrieb als auch für Teile des Betriebes oder Gruppen von Beschäftigten oder für einzelne Arbeitnehmer. Ebenso kann die Laufzeit der Vereinbarung einheitlich oder unterschiedlich geregelt werden.

Für neu eingestellte Arbeitnehmer ist grundsätzlich die abgesenkte Arbeitszeit zu vereinbaren, mindestens jedoch 17,5 Stunden.

Für Beschäftigte mit einer individuellen regelmäßigen wöchentlichen Arbeitszeit von weniger als 35 Stunden kann die Arbeitszeit gleichfalls weiter abgesenkt werden, jedoch nicht unter 17,5 Stunden.
(2) Die Monatslöhne und -gehälter sowie die weiteren tariflichen und betrieblichen Leistungen wie zusätzliches Urlaubsgeld, Sonderzahlung, vermögenswirksame Leistung etc. vermindern sich entsprechend der verkürzten Arbeitszeit.
(3) Um die Absenkung der Monatslöhne und -gehälter zu vermeiden oder zu vermindern, können die Betriebsparteien eine monat-

liche anteilige Zahlung der zusätzlichen Urlaubsvergütung, der Jahressonderzahlung etc. vereinbaren.
(4) Die freiwilligen Betriebsvereinbarungen zur Absenkung der Arbeitszeit sollen die Laufzeit von zwei Jahren nicht überschreiten. Die Betriebsvereinbarungen haben keine Nachwirkungen.
(5) Mit Ablauf der Betriebsvereinbarung haben Arbeitnehmer mit abgesenkter Arbeitszeit Anspruch auf Beschäftigung und Bezahlung der Arbeitszeit, die vor Abschluss der Betriebsvereinbarung vereinbart war. § 4 des Tarifvertrages zur Förderung der Teilzeitarbeit findet keine Anwendung.

Das Arbeitsverhältnis der neu eingestellten Arbeitnehmer endet, ohne dass es einer Kündigung bedarf, mit Ablauf der Betriebsvereinbarung.

§ 3 Prämienzahlung
Arbeitgeber, Arbeitnehmer und Betriebsrat beantragen beim Verein zur Beschäftigungsförderung in der Metallindustrie Niedersachsen eine Prämienzahlung für diejenigen Arbeitnehmer, die ihre Arbeitszeit abgesenkt haben. Voraussetzung, Höhe und Auszahlungszeitpunkt der Prämie legt der Verein zur Beschäftigungsförderung in der Metallindustrie Niedersachsen in seiner Geschäftsordnung fest.

Im Gegensatz zur Beschäftigungssicherung soll die Beschäftigungsförderung der Schaffung neuer Arbeitsplätze dienen. Dazu wurden die Instrumente der Arbeitszeitverkürzung in Kombination mit Einkommensminderung weiter ausgedehnt. Da dies zur Zeit und im Rahmen dieser Broschüre jedoch kein Thema ist, verweise ich auf die Informationen der IG Metall zu dem Tarifvertrag.

3.2 Teilzeit als Hilfe zur Beschäftigungssicherung

Der Betriebsrat kann niemanden zur Teilzeit zwingen, aber in einem Interessenausgleich oder Sozialplan Regelungen vorsehen, die eine freiwillige Verkürzung der Arbeitszeit von einzelnen Beschäftigten vorsehen. So könnte beispielsweise eine Teilabfindung vorgesehen werden, wenn jemand freiwillig seine Arbeitszeit auf Dauer oder auch nur vorübergehend verkürzt. Zudem wären Ausgleichszahlungen denkbar, die die Kürzung im Budget der Beschäftigten nicht vollständig durchschlagen lassen.

Bei der Gestaltung solcher kollektiver Rahmen sind auch die Regeln des Teilzeit- und Befristungsgesetzes zu beachten. Diese sind einerseits hilfreich, andererseits aber auch begrenzend.

Anspruch nach dem TzBfG

Das neue Teilzeit- und Befristungsgesetz (TzBfG) enthält die individualrechtliche Bestimmung zur Verkürzung (und Verlängerung) der Arbeitszeit mit Beteiligung des Betriebsrates. Der Gesetzgeber hat mit dem TzBfG einige Grundregeln zur Teilzeit und zur Befristung geändert. Es wurde erstmals ein Anspruch auf Teilzeitbeschäftigung eingeführt. Auch die Änderung des Bundeserziehungsgeldgesetzes zum 1.1.2001, das ebenfalls Teilzeitansprüche der Eltern regelt, ist eine wichtige Grundlage für die Durchsetzung der Interessen des Betriebsrates.

Die Teilzeitregelungen gelten für alle Betriebe, die in der Regel **mehr als 15 Arbeitnehmer** beschäftigen (Teilzeitbeschäftigte anteilig – Arbeitszeit bis zu 20 Std. mit 0,5 und bis zu 30 Std. mit 0,75 – ohne Auszubildende). Alle Betriebe – unabhängig von der Zahl der Beschäftigten – müssen seit dem 1.1.2001 freie Arbeitsplätze, die sie **ausschreiben,** auch als Teilzeitarbeitsplätze ausweisen, wenn nicht dringende betriebliche Gründe dagegen stehen. Der Betriebsrat ist umfassend zu informieren (bestehende und mögliche Teilzeitarbeitsplätze).

Anspruch auf Teilzeitarbeit hat, wer

Zeiten beachten
- länger als sechs Monte im Betrieb arbeitet

und

- mindestens drei Monate vor dem Veränderungsbeginn seinen Wunsch geltend macht. Auf die Arbeitszeit kommt es nicht an, so können auch bereits Teilzeitbeschäftigte oder geringfügig Beschäftigte eine weitere Verkürzung wünschen. Die Verkürzung ist an keine Mindestzeit gebunden.

- Voraussetzung ist weiterhin, dass keine betrieblichen Gründe gegen die Teilzeit sprechen.

Es besteht ein **Verbot der Diskriminierung** bei Inanspruchnahme von Teilzeit. Das heißt:

- Keine schlechteren Arbeitsbedingungen für Teilzeitbeschäftigte,
- Arbeitsentgelt mindestens in anteiliger Höhe, ebenso alle anderen geldwerten Leistungen,
- Qualifizierungsmaßnahmen ermöglichen,
- gleichwertige Anrechnung der Beschäftigungsdauer sowie
- Berücksichtigung der Zeiten der Beschäftigung bei beruflichem Aufstieg.

Schriftliche Vereinbarung

Die jeweilige Arbeitszeitverkürzung ist in einer **Vereinbarung** niederzuschreiben. Stehen der Verkürzung der Arbeitszeit betriebliche Gründe entgegen, so kann die Verkürzung verweigert werden. Dies ist spätestens vier Wochen vor dem gewünschten Beginn der Verringerung schriftlich (!) dem Beschäftigten mitzuteilen. Verstreicht die **Frist,** gilt der Wunsch des Beschäftigten als akzeptiert!

Die **Verteilung der Arbeitszeit** ist von der Verkürzung unabhängig und steht im Ermessen des Unternehmers unter Beteiligung des Betriebsrates gemäß § 87 BetrVG.

Die **Rückkehr zu Vollarbeitszeit** ist jederzeit möglich. Die Teilzeitbeschäftigten haben die Möglichkeit, ihren Wunsch zu äußern, die vertraglich vereinbarte Arbeitszeit zu verlängern. Sollte dann ein Arbeitsplatz frei sein, so sind diese Personen bei gleicher Eignung bevorzugt zu berücksichtigen, es sei denn, dass dringende betriebliche Gründe dagegen stehen.

3.2.1 Übersicht Ablehnungsgründe für Teilzeit

Ablehnungsgründe für die Verkürzung der Arbeitszeit können nachfolgende betriebliche Gründe sein:

- wesentliche Beeinträchtigung der Organisation im Betrieb,
- wesentliche Beeinträchtigung des Arbeitsablaufes im Betrieb,
- wesentliche Beeinträchtigung der Sicherheit im Betrieb,
- Verursachung von unverhältnismäßigen Kosten oder
- Ablehnungsgründe aus einem Tarifvertrag.

Abstufung der Ablehnungsgründe

a) Ablehnung der **Verkürzung** der Wochenarbeitszeit, soweit betriebliche Gründe dies nicht zulassen.

b) Ablehnung der **Verteilung** der Verkürzung der Wochenarbeitszeit, wenn das betriebliche Interesse das Interesse des Beschäftigten überwiegt.

c) Ablehnung von Teilzeit im **Erziehungsurlaub,** soweit dringende betriebliche Gründe dagegen sprechen.

d) Ablehnung der **Arbeitsteilung** von mehreren Beschäftigten, soweit betriebliche Gründe dagegen sprechen.

e) Ablehnung von **Altersteilzeit,** soweit betriebliche Gründe dagegen sprechen.

3.2.2 Tarifvertrag zur Teilzeit

Ergänzend sind vorhandene tarifvertragliche Regelungen zu beachten. So hat die IG-Metall mit dem Arbeitgeberverband in Niedersachsen neben dem Beschäftigungssicherungstarifvertrag einen Tarifvertrag zur Förderung der Teilzeit für den Zeitraum ab 1.7.2003 abgeschlossen. Die wesentlichen Inhalte sind:

§ 1 Geltungsbereich
(...)

§ 2 Definition der Teilzeitarbeit
Teilzeitarbeit liegt vor, wenn die vereinbarte Arbeitszeit kürzer ist als die tarifliche wöchentliche Arbeitszeit von 35 Stunden.

§ 3 Beteiligung des Betriebsrates
Die Rechte des Betriebsrates bei personellen Maßnahmen des Arbeitgebers nach den Bestimmungen des Betriebsverfassungsgesetzes, soweit sie Teilzeitarbeit betreffen, bleiben von den Regelungen dieses Tarifvertrages unberührt.

§ 4 Wechsel von Vollzeit in Teilzeit
Vereinbaren Arbeitgeber und Vollzeitbeschäftigte den Wechsel in Teilzeitbeschäftigung, so haben diese Teilzeitbeschäftigten erstmals nach zwölf Monaten einen Anspruch auf Prüfung, ob eine Vollzeitbeschäftigung wieder möglich ist. Dieser Anspruch erlischt drei Jahre nach Übergang in Teilzeitbeschäftigung.
Wird aus betriebsbedingten Gründen verstärkt Teilzeitarbeit erforderlich, haben die Vollzeitbeschäftigten, die deshalb eine Teilzeitbeschäftigung vereinbaren, nach Ablauf der vereinbarten Dauer der Teilzeitarbeit Anspruch auf Vollzeitbeschäftigung.

§ 5 Tägliche Mindestarbeitszeit
Damit die Wegezeit und die Arbeitszeit in einem angemessenen Verhältnis stehen, soll die Arbeitszeit grundsätzlich arbeitstäglich mindestens drei Stunden betragen. Dies gilt nicht für geringfügig Beschäftigte, Aushilfen gem. § 2 Ziff. (5) GMTV sowie für Fälle, in denen aus persönlichen Gründen eine abweichende Regelung getroffen wurde.

§ 6 Sonstige allgemeine Arbeitsbedingungen
Die Bestimmungen des GMTV gelten für Teilzeitbeschäftigte, soweit sich nicht aus dem Wesen und der Gestaltung der Teilzeitarbeit etwas anderes ergibt. Soweit bei manteltarifvertraglichen Ansprüchen nicht bereits die jeweilige vertragliche Arbeitszeit maßgebend ist, ist das Verhältnis der vertraglichen zur tarifvertraglichen regelmäßigen Arbeitszeit zugrunde zu legen.

§ 7 Geringfügige Beschäftigungsverhältnisse
Bei Neueinstellungen ist Teilzeitarbeit so zu gestalten, dass die Grenzen der Sozialversicherungspflicht überschritten werden. Dies gilt nicht für Beschäftigte, die aus betrieblichen oder persönlichen Gründen nicht anders beschäftigt werden können oder die Grenze zum Rentenalter bereits überschritten haben.
Unterschreitet die vereinbarte Teilzeitarbeit die gesetzlichen Grenzen des § 8 Sozialgesetzbuch IV, ist der Arbeitgeber gehalten, den Beschäftigten auf mögliche sozialversicherungsrechtliche Folgen (keine Rentenversicherungs-, Krankversicherungs- und Arbeitslosenversicherungspflicht) hinzuweisen.

Die tarifvertraglichen Regelungen sind ergänzend zu den Bestimmungen des TzBfG anzuwenden. Sie gehen in einigen Punkten über die gesetzlichen Vorschriften hinaus und haben den Sinn, vor nachteiligen Vereinbarungen zu schützen.

3.2.3 Arbeitsplatzteilung

Eine Sonderform der Teilzeit ist das so genannte **Job-Sharing.** Mehrere Beschäftigte (zwei und mehr) können sich danach einen Arbeitsplatz teilen. Eine Besonderheit beim Job-Sharing ist, dass eine wechselseitige Vertretung erfolgt. Es gibt aber kein automatisches Recht zur Kündigung, wenn ein Beteiligter das Unternehmen verlässt. Nur eine eventuell notwendige Änderungskündigung wäre denkbar (§ 13 Abs. 2 TzBfG).

Sonderform der Teilzeit

Ansonsten sind alle Regeln des Tarifvertrages und des TzBfG einzuhalten und zu beachten.

3.2.4 Teilzeit in der Elternzeit

Für den **Erziehungsurlaub,** der nunmehr Elternzeit (§ 15 BErzGG) heißt, gelten noch einige Sonderregeln. Unter den gleichen Bedingungen wie im TzBfG besteht ein **erweiterter Anspruch** auf Teilzeit für Erziehungsurlaubsberechtigte und zwar im Umfang zwischen **15 und 30 Wochenstunden.**

Erziehungszeit

Der **Antrag** auf Veränderung der Arbeitszeit ist in diesem Fall acht Wochen vorher schriftlich einzureichen und muss innerhalb von vier Wochen gegebenenfalls schriftlich abgelehnt werden, wenn **dringende betriebliche Gründe** entgegenstehen.

Der Anspruch auf Verringerung besteht für jeden Elternteil (oder Personensorgeberechtigten) – und zwar **zweimal.** Das heißt, es kann die

Vollarbeitszeit einmal stark verkürzt und ein zweites Mal weniger stark verkürzt werden oder umgekehrt. Eine weitere Verkürzung ist jedoch erst dann möglich, wenn der erste Zeitraum der Teilzeitbeschäftigung abgelaufen ist. Der Anspruch besteht bis zur Vollendung des dritten Lebensjahres des Kindes und ein Anteil von bis zu zwölf Monaten ist mit Zustimmung des Arbeitsgebers auf die Zeit bis zum achten Lebensjahr des Kindes übertragbar.

Wenn der Unternehmer die Verkürzung der Arbeitszeit verweigern will oder zu dem Antrag schweigt, kann dagegen der/die betroffene Beschäftigte ihren Anspruch beim Arbeitsgericht einklagen.

3.3 Kein Lohnverzicht!

Ein gemeinsamer Verzicht auf Löhne und Gehälter kann nur **freiwillig** erfolgen. Dabei kann der Betriebsrat ein System vorschlagen, aber die einzelnen Beschäftigten müssen zustimmen und die Gewerkschaft ist auch noch zu fragen (§ 4 Abs. 4 TVG!). Ein Verzicht auf tarifvertragliche Ansprüche ist nur möglich, wenn die Gewerkschaft zustimmt oder ein Tarifvertrag diese Möglichkeit eröffnet. Die Beschäftigungssicherungstarifverträge sehen dies nicht vor.

Nicht tarifvertraglich gebundene Beschäftigte könnten durch Einzelvereinbarung auf Teile ihres Lohnes/Gehalts verzichten. Eine beschäftigungssichernde Maßnahme für das Gesamtunternehmen dürfte dies im Regelfall nicht sein, da der in Frage kommende Personenkreis zu klein ist. Auch wäre nicht sichergestellt, dass alle einheitlich Verzicht üben.

Kein Zwang

Betriebsratspraxis:
Einen „verordneten" Lohnverzicht durch eine **Betriebsvereinbarung** kann es nicht geben, da der Betriebsrat dazu keine Regelungskompetenz hat. Er darf in die Tarifhoheit nicht eingreifen. Derartige Regelungen wären unwirksam. Durch das Günstigkeitsprinzip könnten die Beschäftigten sich immer auf ihre tarifvertraglichen Ansprüche berufen.

4. Altersteilzeit

Eine wichtige Möglichkeit zur Beschäftigungssicherung stellt die Förderung der Altersteilzeit dar. Dies kann in einer gesonderten Betriebsvereinbarung geschehen oder auch im Rahmen eines Sozialplanes. Leider hat die Bundesregierung den Rentenbeginn für die Altersteilzeit auf 63 Jahre erhöht (zur Zeit gelten noch Übergangsregeln), dennoch kann sich die Förderung rechnen. So ist eine Ersparnis dadurch zu erreichen, dass ältere Beschäftigte ihre Arbeitszeit verkürzen und jüngere Beschäftigte mit einem niedrigeren Anfangsgehalt diesen Anteil übernehmen. Der nach dem Tarifvertrag fällige Aufstockungsbetrag (Höhe nach Region und Bereich unterschiedlich) wird zu 20 % von der Arbeitsagentur übernommen, wenn arbeitslose Beschäftigte eingestellt oder Auszubildende übernommen werden und dafür eine Person in Altersteilzeit geht. Diese Aufstockungsbeträge sind steuer- und sozialversicherungsfrei.

Auch wenn es um Entlassungen geht, ist Altersteilzeit eine Möglichkeit, älteren Beschäftigten den Übergang in die Rente zu ermöglichen. Dieser im Rahmen der Sozialauswahl besonders geschützte Personenkreis dürfte auch zu denen gehören, der regelmäßig höhere Abfindungen als jüngere Beschäftigte erhält. Somit ist es ein reines Rechenexempel zu prüfen, ob statt einer Abfindung Altersteilzeit angeboten werden kann. Die Folgen von Arbeitslosigkeit werden vermieden, da direkt an die Altersteilzeit die Rente folgt.

Die ehemals mögliche Frühverrentung durch Übergang in die Arbeitslosigkeit und anschließender Verrentung wurde vom Gesetzgeber geschlossen, um die Sozialversicherungen zu entlasten. Dafür wurde das Altersteilzeitgesetz (ATZG) geschaffen. Wer seine bisherige Arbeitszeit für mindestens 24 Monate auf 50 % reduziert und das 55. Lebensjahr vollendet hat, ist ab dem 60. bzw. 63. Lebensjahr (Übergangsregelung) zum **Rentenbezug** berechtigt.

Die Regelungen der Altersteilzeit haben für das Unternehmen und die betroffenen Beschäftigen Vor- und Nachteile. Ein Nachteil für die Beschäftigten ist, dass die Rente für die ab 1937 geborenen Beschäftigten um 3,6 % pro Jahr des vorgezogenen Bezuges (vor dem 65. Lebensjahr) verringert wird. Das Unternehmen hat keine der Arbeitszeitverkürzung entsprechende Kostenreduzierung, da es Aufstockungszahlungen und erhöhte Rentenversicherungsbeiträge wird leisten müssen. Dies ist gleichzeitig ein **Vorteil** für die Beschäftigten, da zum Nettoentgelt die Aufstockungsbeträge gezahlt werden. Damit könnte eine zu zahlende Abfindung verteilt und abgabenfrei ausgezahlt werden.

Vor- und Nachteile

4.1 Voraussetzungen bei den Beschäftigten

Rente ab 60/63

Der Beschäftigte muss **mindestens 55 Jahre** alt sein. Er muss in den letzten fünf Jahren eine rentenversicherungspflichtige Beschäftigungszeit von 1080 Tagen vollendet haben. Da mit der Altersteilzeit ein Übergang in die Rente möglich wird, muss die Altersteilzeit mindestens 24 Monate (§ 237 SGB VI) dauern. Die ursprünglich mögliche Rente ab dem 60. Lebensjahr wird ab dem 1.1.2006 auf 63 Lebensjahre angehoben und in der Zwischenzeit gelten seit dem 1.1.2004 Übergangsregelungen.

Die Arbeitszeit ist auf mindestens die **Hälfte** der bisherigen **Arbeitszeit** zu reduzieren. Das gilt auch für Teilzeitbeschäftigte. Erhalten bleiben muss jedoch eine versicherungspflichtige Beschäftigung.

Über die Änderung der Arbeitszeit und die Art der Reduzierung ist eine Vereinbarung zu treffen. Eine **Schriftform** ist im Gesetz nicht vorgesehen, ergibt sich jedoch aus § 7 SGB IV für die Fälle des Blockmodells und im Übrigen aus dem Nachweisgesetz.

Anspruch nur nach Tarifvertrag

Das Altersteilzeitgesetz baut auf **Freiwilligkeit.** Eine Pflicht zur Arbeitszeitreduzierung ist im Gesetz nicht vorgesehen, sondern der Beschäftigte kann frei entscheiden, aber auch das Unternehmen, ob es Altersteilzeit anbietet und im Einzelfall abschließt, soweit nicht verpflichtende Tarifverträge vorliegen. Dies gilt auch für den Fall einer betrieblich vereinbarten Altersteilzeit (Betriebsvereinbarung oder Tarifvertrag).

4.2 Voraussetzungen beim Arbeitgeber

Ohne eine Förderung durch die Agentur für Arbeit müssen keine weiteren Bedingungen erfüllt sein. Nur unter der Geltung von Tarifverträgen zu Altersteilzeit gilt etwas anderes. Jedoch wird für die Beschäftigten Altersteilzeit nur interessant, wenn die für sie entstehenden Nachteile (Reduzierung des Einkommens sofort und verminderte Rente um 3,6 % je Jahr vorzeitiger Verrentung) in gewissem Umfang ausgeglichen werden.

Dazu müssen mindestens zwei Bedingungen erfüllt sein. Das anteilige Teilzeitentgelt muss um mindestens 20 % **aufgestockt** werden und die **Rentenversicherungsbeiträge** sind vom Arbeitgeber für mindestens 90 % des bisherigen Bruttoeinkommens zu bezahlen.

Nehmen wir an, dass ein Kollege 3.000,00 € verdient, mit 58 in die Altersteilzeit und mit 63 in Rente geht (sonst erst mit 65 möglich). So ergeben sich die folgenden ungefähren Kosten für den Unternehmer:

Berechnungsbeispiel

Vollzeit	Teilzeit 50 %
3.000,00 € brutto	1.500,00 € brutto
1.800,00 € netto	900,00 € netto
70 % = 1.260,00 €	
Zuzahlung 20 %	252,00 €
Zuzahlung Rentenversicherung	240,00 €
Einsparung Kranken-, Pflege- und Arbeitslosenvers.-Beiträge AG	150,00 €
Zusatzkosten insgesamt	342,00 € x 60 (Monate) = **20.520,00 €**

Die Zusatzkosten beziehen sich auf den Vergleich Vollzeit zu Teilzeit. Gegenüber dem bisherigen Bruttoeinkommen tritt aber eine **Kostenreduzierung** ein. Es waren 3.000,00 € plus 600,00 € Arbeitgeber-Anteile zur Sozialversicherung zu zahlen. Jetzt sind 1.500,00 € zuzüglich AG-Anteil 300,00 € zuzüglich Zuzahlung Rentenversicherung 240,00 € plus 252,00 € Zuzahlung also insgesamt 2.292,00 € zu zahlen. Erspart werden sofort 1.308,00 € monatlich (in fünf Jahren = 78.480,00 €). Dazu kommt noch die entfallende Gehaltszahlung ab dem 63. Lebensjahr.

In solch einem Fall ist auch zu berücksichtigen, dass eine sonst für die Entlassung des 58-Jährigen zu zahlende **Abfindung** (z.B. bei einem halben Monatsgehalt je Beschäftigungsjahr, nach 40 Jahren in der Firma wären das 60.000,00 €!) mit berechnet werden muss. Dieser Betrag ist nach obiger Rechnung nicht ausgeschöpft. Es kann somit der Aufstockungsbetrag wesentlich erhöht werden. Dieser wird übrigens steuer- und sozialversicherungsabgabenfrei ausgezahlt. Bei einer Förderung durch die Agentur für Arbeit reduzieren sich die Kosten für das Unternehmen weiter. Dazu kommt, dass durch die Sozialauswahlkriterien des Kündigungsschutzgesetzes eine Kündigung bei älteren Beschäftigten oft gar nicht in Betracht kommt.

Höhere Aufstockung statt Abfindung

4.3 Förderung durch die Agentur für Arbeit

Eine Förderung der Altersteilzeit durch die Agentur für Arbeit ist möglich, wenn neben dem Aufstockungsbetrag und der Zusatzleistung zur Rentenversicherung für den betroffenen Beschäftigten eine **arbeitslose Person** eingestellt oder ein **Auszubildender** nach der Ausbildung übernommen wird.

Die Agentur für Arbeit erstattet dann den **Aufstockungsbetrag** von 20 % und die **Zuzahlung** zur Rentenversicherung im vollen Umfang. Die Förderung kann bis zu sechs Jahre währen, bei Blockmodellen muss dann aber Tarifvertrag oder eine Betriebsvereinbarung dies regeln (Ausnahme Betriebe ohne Betriebsrat).

Sparen trotz Übernahme von Auszubildenden

Auch in einem Fall, wo eine Reduzierung der Beschäftigtenzahl notwendig ist, kann es sinnvoll sein, **Auszubildende** zu **übernehmen**. Einerseits wird der Überalterung des Unternehmens aktiv entgegengesteuert und andererseits wird damit die Förderung der Altersteilzeit durch die Agentur für Arbeit erreicht. Gleichzeitig werden Kosten gespart. Wenn in der Beispielsrechnung der 58-Jährige 3.000,00 € brutto erhält, so bekommt ein ausgelernter Beschäftigter hingegen erst 1.500,00 € und nach fünf Jahren 2.000,00 €. So bedeutet Altersteilzeit in diesem Fall eine Einsparung von 5 x 18.000,00 € plus 5 x 12.000,00 €, also 150.000,00 €. Zusatzkosten für Sozialversicherungsabgaben des Unternehmers und den Aufstockungsbetrag entstehen nicht, da dies durch die 20 %-Förderung des Arbeitsentgeltes und Zahlung der zusätzlichen Rentenversicherungsbeiträge durch die Agentur für Arbeit abgedeckt ist.

4.4 Formen der Altersteilzeit

Teilzeit

Die Altersteilzeit ist eine besonders geregelte Form der Teilzeit. Sie soll den Eintritt in die vorzeitige Rente ermöglichen oder einen Übergang in die reguläre Altersrente. Eine Vereinbarung zur Alterteilzeit ist daher nicht kündbar. Die Mindestdauer beträgt **24 Monate**, wenn eine vorzeitige Verrentung angestrebt wird (§ 237 SGB VI). Die maximale Laufzeit ist **zehn Jahre**, nämlich vom 55. bis zum 65. Lebensjahr. Allerdings wird nur eine maximale Zeit von **sechs Jahren** durch die Agentur für Arbeit gefördert (§ 4 Abs. 1 ATZG).

Eine Möglichkeit ist die **kontinuierliche Reduzierung** der Arbeitszeit. Über den gesamten Zeitraum werden 50 % der Arbeitszeit gekürzt. Es wird bei diesem Modell tatsächlich nur noch Teilzeit gearbeitet. Die Kürzungen können auch zeitweise größer sein oder auf zwei bzw. drei Arbeitstage in der Woche bezogen werden. Auch sind längere Intervalle denkbar, in denen Arbeitszeit und Freizeit wechseln (wöchentlich,

Monatsrhythmus oder dergleichen). Es muss sich nur im Schnitt die Hälfte der regelmäßigen bisherigen Arbeitszeit als Minimum der Verkürzung ergeben. Die Bezüge werden über den Zeitraum gleichmäßig gezahlt.

Bei dem so genannten **Blockmodell** gibt es eine Arbeitsphase und eine Freistellungsphase. Bei einer Altersteilzeit von vier Jahren wird in den ersten zwei Jahren weiterhin voll gearbeitet. In den letzten zwei Jahren ist der Beschäftigte von jeder Arbeitsleistung freigestellt. Das Arbeitsentgelt wird von Anfang an gekürzt gezahlt. Der sozialversicherungsrechtliche Schutz bleibt über den gesamten Zeitraum erhalten. Die Betroffenen sind also so gegen Krankheit und Arbeitslosigkeit abgesichert, als würden sie noch Vollzeit arbeiten und entlohnt werden (§ 10 ATZG).

**100 % zu 50 %
und 0 % zu 50 %**

In unserem Fall würde es sich anbieten, die Altersteilzeit im Blockmodell gegen eine **Insolvenz** des Unternehmens abzusichern. Dazu könnten die Wertguthaben in Wertpapieren oder Investmentfonds angelegt oder durch Bankbürgschaften abgesichert werden. In einigen Branchen gibt es auch gemeinsame Einrichtungen zur Absicherung von Insolvenzfällen. Nähere Auskünfte gibt es bei der zuständigen Gewerkschaft.

Betriebsratspraxis:
Altersteilzeit ist in der Praxis durch die Verschiebung der frühestmöglichen Rente nicht mehr so spannend. Ab dem 60. Lebensjahr können nur noch langjährig beschäftigte Frauen und schwerbehinderte Menschen in Rente mit Altersteilzeit gehen. Regeltermin ist jetzt das 63. Lebensjahr. Weil die Übergangsregeln recht kompliziert sind, sollte die Beratung von Fachleuten in Anspruch genommen werden.

5. Befristete Arbeitsverträge

Vorsichtiger Personalabbau

Wenn eine Erweiterung der Belegschaft nicht dauerhaft sicher ist, dann kann die befristete Einstellung neuer Kolleginnen und Kollegen ein Mittel sein, um Kündigungen zu vermeiden. Für den Fall eines wieder nötig werdenden Personalabbaus würden die Befristungen nicht verlängert. Dies stellt einen weniger starken Einschnitt für die Betroffenen dar, als langjährige Arbeitsverhältnisse zu kündigen. Die Befristung von Arbeitsverträgen ist normalerweise nicht geeignet, Beschäftigung zu sichern, sondern macht sie gerade unsicherer, da nach Ablauf der Befristung die Weiterbeschäftigung offen ist. Wird jedoch zwischen der Stammbelegschaft und neu hinzukommenden Kolleginnen und Kollegen unterschieden, so sieht das Bild anders aus. Die Beschäftigung der Stammbelegschaft kann in unsicheren Zeiten sicherer werden, wenn Neueinstellung bei denkbaren Entlassungsnotwendigkeiten in der Zukunft nicht mit in der Sozialauswahl zu berücksichtigen sind. Befristete Beschäftigungsverhältnisse laufen aus und können einen entstehenden Druck Personal abzubauen mindern. Die Möglichkeit zur Befristung eines Arbeitsvertrages ist mit dem TzBfG seit dem 1.1.2001 neu geregelt worden. Das Gesetz gilt für alle Betriebe, die **Betriebsgröße** ist **nicht** mehr **entscheidend** (§ 14 TzBfG in Verbindung mit § 620 Abs. 3 BGB).

Grundsätze

Danach sind Befristungen nunmehr nur zulässig,

- wenn es dafür einen **sachlichen Grund** gibt oder

- bei der **erstmaligen Einstellung** eines Beschäftigten (dann aber nur bis zu insgesamt zwei Jahren – bei Neugründungen vier Jahre – mit der Möglichkeit, innerhalb dieses Zeitraumes dreimal zu verlängern),

- soweit die einzustellende Person bereits 58 Jahre alt ist (bis zum 31.12.2006 sogar ab dem **52. Lebensjahr**) bedarf es auch keines sachlichen Grundes und eine Höchstdauer ist nicht vorgesehen (aber es darf zum Unternehmen kein Arbeitsvertrag in den letzten sechs Monaten bestanden haben).

In einem Interessenausgleich könnte verabredet werden, dass für einen bestimmten Zeitraum nur befristete Neueinstellungen zulässig sein sollen. Auch als vorbeugende Maßnahme im Sinne des § 92a BetrVG wäre eine solche Verabredung sinnvoll.

Betriebsratspraxis:
Die schon fast übliche Praxis, jede Neueinstellung zu befristen, sollte die Ausnahme sein. Ohne triftige Gründe sollte es keine befristeten Arbeitsplätze im Unternehmen geben. Leider ist ein Widerspruch durch den Betriebsrat allein wegen der Befristung bei Neueinstellungen nicht möglich.

5.1 Befristung mit sachlichem Grund

Grundsätzlich können Unternehmen bei Vorliegen eines sachlichen Grundes das **Arbeitsverhältnis frei befristen.** Auch mehrere befristete Arbeitsverhältnisse können sich anschließen. Die Anzahl neuer Beschäftigter, die unter Berufung auf das TzBfG nur befristet eingestellt werden dürfen, ist nicht begrenzt. Die einzelnen Arbeitsverträge enden zum vereinbarten Zeitpunkt automatisch.

Befristung mit Grund, ohne Grenzen

Im TzBfG werden denkbare sachliche Gründe beispielhaft aufgezählt (§ 14 Abs. 1 TzBfG):

1. Der **betriebliche Bedarf** an der Arbeitsleistung besteht nur **vorübergehend** (z.B. Erntehilfen, Abwicklungsarbeiten bei Betriebsschließungen).

2. Die Befristung erfolgt im **Anschluss an eine Ausbildung oder ein Studium,** um den Übergang des Beschäftigten in eine Anschlussbeschäftigung zu erleichtern (Werkstudenten können erneut befristet beschäftigt werden).

3. Der Beschäftigte wird zur **Vertretung** eines anderen Beschäftigten beschäftigt (z.B. wegen Erziehungsurlaub, Krankheit, Beurlaubung, Einberufung zum Wehrdienst).

4. Die **Eigenart der Arbeitsleistung** rechtfertigt die Befristung (z.B. Mitarbeiter im Rundfunk oder Künstler).

5. Die Befristung erfolgt zur **Erprobung** (Probezeit).

6. In der **Person** des Beschäftigten **liegende Gründe** rechtfertigen die Befristung (z.B. aus sozialen Gründen zur Überbrückung bis zum Wehrdienst oder Beginn eines Studiums).

7. Der Beschäftigte wird aus **Haushaltsmitteln** vergütet, die haushaltsrechtlich für eine befristete Beschäftigung bestimmt sind und er wird entsprechend beschäftigt (beispielsweise für Forschungsprojekte).

8. Die Befristung beruht auf einem **gerichtlichen Vergleich** (beispielsweise Vergleich bei vorangegangener unwirksamer Kündigung zur Auflösung des Arbeitsverhältnisses).

Das Unternehmen könnte mit den Beschäftigten auch **mehrere mit sachlichen Gründen befristete Arbeitsverträge** nacheinander abschließen. Grundsätzlich gibt es keine generelle Zeitbefristung oder Begrenzung der Anzahl der befristeten Arbeitsverträge. Jeder Arbeitsvertrag muss aber in sich durch einen sachlichen Grund und die Befris-

Mehrere Befristungen möglich

tungsdauer gerechtfertigt sein. Allerdings steigen mit jeder Befristung die Anforderungen an den sachlichen Grund (BAG vom 2.8.1978, AP Nr. 46 zu § 620 BGB Befristeter Arbeitsvertrag). Es wird nämlich unterstellt, dass doch ein dauerhafter Arbeitskräftebedarf vorliegt. Bei mehreren befristeten Arbeitsverträgen zeigt sich, dass die Prognose des Unternehmens, dass nur ein zeitlich begrenzter Bedarf da sein wird, falsch war.

5.2 Befristung ohne sachlichen Grund

Eine Befristung ohne sachlichen Grund ist allerdings grundsätzlich nur bei **Neueinstellungen** möglich. Eine Befristung bei demselben Unternehmer, mit dem bereits ein befristetes oder unbefristetes Arbeitsverhältnis bestand, ist unzulässig (§ 14 Abs. 2 TzBfG). Etwas anderes gilt nur bei Beschäftigten, die mindestens 52 Jahre alt sind. Bei ihnen darf ein Arbeitsverhältnis bestanden haben, jedoch muss zwischen dem neuen und dem alten Arbeitsvertrag mindestens ein Abstand von sechs Monaten liegen (§ 14 Abs. 3 TzBfG).

Verlängerungen

Innerhalb der Befristungsdauer von zwei Jahren darf der Vertrag bis zu **dreimal verlängert** werden. Eine Verlängerung liegt aber nur vor, wenn innerhalb des bestehenden Vertrages ohne zeitliche Lücke eine Vertragsfortsetzung vereinbart wird.

Die zeitliche Grenze von zwei Jahren darf nicht überschritten werden, soweit nicht ältere Beschäftigte betroffen sind. Ist die Befristungsabrede länger, hat dies zur Folge, dass ein unbefristeter Arbeitsvertrag abgeschlossen wurde (§ 16 TzBfG).

5.3 Rechte der befristet Beschäftigten

Übernahme vorrangig

Die befristet beschäftigten Arbeitnehmer sind über freie unbefristete Arbeitsplätze zu informieren. Es ist allerdings nicht erforderlich, dass das Unternehmen jeden persönlich anspricht oder anschreibt, sondern die Bekanntgabe dieser freien Stellen an den üblichen Plätzen (Schwarzes Brett, Intranet etc.) ist ausreichend. Damit wird eine innerbetriebliche Stellenausschreibung vom Gesetzgeber zwingend vorgesehen. Im Rahmen der Mitbestimmung ist der Betriebsrat gehalten, darauf zu achten, dass die Beschäftigten mit befristeten Arbeitsverträgen vorrangig unbefristete Verträge erhalten (§ 99 Abs. 2 Nr. 3 BetrVG).

Befristet Beschäftigte haben Anspruch auf angemessene Aus- und Weiterbildung zur **Förderung der beruflichen Entwicklung** (§ 19 TzBfG). Eine derartige Qualifizierung darf nur verweigert werden, wenn betriebliche Gründe vorliegen. Auch Ausbildungs- und Weiterbildungswünsche anderer Beschäftigter, die aus sozialen Gesichtspunkten vorrangig sind, würden dem Wunsch des befristet Beschäftigten vorgehen.

Wie bei unwirksamen Kündigungen führen **Fehler** bezüglich der Befristung nur dann zu Ansprüchen, wenn diese von den Anspruchsinhabern gerichtlich durchgesetzt werden. Wer seinen vermeintlichen Anspruch nicht einklagt, verliert ihn. Die Klage muss spätestens innerhalb von drei Wochen nach dem vereinbarten Ende des Arbeitsvertrages eingereicht sein (§ 17 TzBfG).

Klage nötig

Käme ein Arbeitsgericht zu der Ansicht, dass kein sachlicher Grund für die Rechtfertigung der Befristung vorliegt, würde das Arbeitsverhältnis als **unbefristetes Arbeitsverhältnis** weiterlaufen. Sollte die Dauer der Befristung nicht angegeben worden sein und nicht erkennbar sein, ist die Folge die gleiche. Die Arbeitsgerichte gehen nämlich (nunmehr mit § 16 TzBfG) davon aus, dass beim Fehlen eines sachlichen Grundes oder einer Zeitbestimmung oder einer falschen Angabe diese Positionen unwirksam sind und im Übrigen der Vertrag in seiner Wirksamkeit nicht berührt ist. Es wurde also ein Arbeitsvertrag abgeschlossen, der gerade keine Befristung enthält und dementsprechend als unbefristeter weiterläuft.

5.3.1 Besonderer Kündigungsschutz

Durch eine Befristung darf aber in keinem Fall ein besonderer Kündigungsschutz umgangen werden. Diesem **besonderen Kündigungsschutz** unterliegen beispielsweise:

- Eine Beschäftigte, die bei Abschluss des befristeten Arbeitsvertrages **schwanger** ist. Die Befristung darf nicht den alleinigen Zweck haben, dass die Beschäftigte den Kündigungsschutz des § 9 Mutterschutzgesetz verliert.

- Anerkannte **schwerbehinderte** Beschäftigte oder dieser Gruppe gleichgestellte behinderte Menschen, die auf ihre Schwerbehinderteneigenschaft hingewiesen haben. Die Befristung ist unzulässig, wenn der besondere Kündigungsschutz des SGB IX umgangen werden soll.

- Ein Beschäftigter, der zur **Bundeswehr** eingezogen wird oder **Ersatzdienst** ableistet. Die Befristung darf nicht dazu dienen, bewusst den besonderen Kündigungsschutz von Wehrpflichtigen zu umgehen.

5.3.2 Kündigungsmöglichkeiten

Vorzeitige Kündigung denkbar

Auch ein befristeter Arbeitsvertrag kann vor dem Auslaufen gekündigt werden, wenn in dem Arbeitsvertrag **Kündigungsmöglichkeiten** vorsehen sind. Ohne eine ausdrückliche Vereinbarung wäre der Arbeitsvertrag für den Unternehmer nicht kündbar. Hat er sich die Kündigungsmöglichkeit vorbehalten, so ist eine Kündigung dann am KSchG zu messen und muss die entsprechenden Voraussetzungen erfüllen. Ist die Kündigung unwirksam, besteht das Arbeitsverhältnis weiter, allerdings nur im Rahmen der ehemals vereinbarten Befristung.

Sonderkündigungsrechte für die Beschäftigten gibt es grundsätzlich **nicht.** Wer beispielsweise befristet beschäftigt wird und vor dem Ende der Befristung einen anderen Arbeitsplatz in einer anderen Firma ohne Befristung angeboten erhält, hat keine Möglichkeit, den befristeten Vertrag einseitig vorzeitig zu beenden. Dies ginge nur, wenn auch für die Beschäftigten im Arbeitsvertrag eine Kündigungsmöglichkeit vorgesehen wurde oder eine einvernehmliche Auflösung vereinbart werden kann. Eine Ausnahme gilt nur für mit sachlichem Grund befristete Arbeitsverträge mit einer Dauer von **über fünf Jahren.** Diese sind mit einer Frist von sechs Monaten von den Beschäftigten immer kündbar (§ 15 Abs. 4 TzBfG).

5.3.3 Gerichtliche Überprüfungsmöglichkeit

Klageverfahren

Es kann grundsätzlich immer nur der **letzte Vertrag** vor dem Arbeitsgericht angefochten werden. Ist dieser sachlich gerechtfertigt und ordnungsgemäß befristet, gibt es keinen Anspruch auf ein dauerhaftes Arbeitsverhältnis. Dies gilt auch für den Fall, dass der vorletzte von mehreren befristeten Arbeitsverträgen nicht ordnungsgemäß befristet oder ohne sachlichen Grund abgeschlossen worden war. Die Verträge davor sind beendet und abgeschlossen.

Die **Ausnahme** für diese Regel ist, dass der Beschäftigte den letzten Arbeitsvertrag nur unter **Vorbehalt** abgeschlossen hat. Er hat also über seiner Unterschrift vermerkt, dass er mit der Befristung einverstanden ist, wenn nicht der vorherige Arbeitsvertrag unwirksam befristet war.

Wenn das Unternehmen einen derartigen Vorbehalt zugelassen hat, dann kann der davor abgeschlossene befristete Arbeitsvertrag auch noch nach Jahren mit in die Überprüfung beim Arbeitsgericht einbezogen werden.

Sollte der Arbeitsvertrag nicht ordnungsgemäß befristet sein, stellt das Gericht dies fest. Die Folge ist, dass mit dieser Feststellung ein **unbefristetes Arbeitsverhältnis** besteht. Nicht der gesamte Arbeitsvertrag wird unwirksam, sondern nur die rechtswidrige Befristungsregelung entfällt.

5.4 Checklisten/Übersichten zur Befristung von Arbeitsverträgen

Übersicht: Befristete Arbeitsverträge				
Verträge bis zu sechs Monaten Dauer	Beschäftigte, die das **52. Lebensjahr** vollendet haben	Bei **gesetzlicher Ermächtigung** – TzBfG – SBG III – BErzGG etc.	Mit **tariflicher** Regelung – BAT	Bei Betrieb/ Verwaltung > sechs Monate – ohne Gesetz – ohne Tarifvertrag
Befristung **mit sachlichem Grund (Probezeit)** möglich	Befristung – **ohne sachlichen Grund** möglich – **ohne zeitliche Grenze**	Befristung – **ohne sachlichen Grund** möglich – aber zeitliche Grenze im Gesetz	Befristung **mit sachlichem Grund** möglich – **Gründe** des Tarifvertrages anerkannt – **Zeitgrenzen** aus dem Tarifvertrag	Befristung **mit sachlichem Grund** möglich – Dauer muss angemessen sein (gem. Prognose) – Zeitgrenze denkbar

Bei der Befristung ohne sachlichen Grund ist zu beachten:			
Maximal **zwei Jahre**	Maximal **drei Verlängerungen** in den zwei Jahren	Kein vorheriges befristetes oder unbefristetes Arbeitsverhältnis bei demselben Unternehmer **(Neueinstellung)**	**Kein Verstoß** gegen Tarifvertrag oder oder Schutzgesetz
Ausnahme: bei Neueinstellung 52 Jahre alt			

Grundsatz: immer **schriftlicher** Arbeitsvertrag nötig!

Bedingungen

- Eine Befristung nach dem TzBfG (ohne sachlichen Grund) darf nur bei **Neueinstellungen** erfolgen.
- Keine Befristung ohne sachlichen Grund bei direktem Anschluss an ein unbefristetes Arbeitsverhältnis.
- Keine Befristung ohne sachlichen Grund bei direktem Anschluss an ein vorher mit sachlichem Grund befristetes Arbeitsverhältnis.
- Befristungen ohne sachlichen Grund sind ab dem 58. Lebensjahr zeitlich unbegrenzt zulässig.
- Aber keine Umwandlung eines unbefristeten Arbeitsverhältnisses in ein befristetes für Beschäftigte, die älter als 52 Jahre sind.
- Auf das Ende eines mit sachlichem Grund zweckbefristeten Arbeitsvertrages muss zwei Wochen vorher schriftlich hingewiesen werden.
- Fehlt der Hinweis auf das Erreichen des Zwecks endet das Arbeitsverhältnis frühestens zwei Wochen nach Erhalt der schriftlichen Mitteilung.
- Die Fortsetzung eines befristeten Arbeitsverhältnisses mit Wissen des Unternehmers führt zur Umwandlung in ein unbefristetes Arbeitsverhältnis.

Beispiele für sachlich begründete Befristungen:

1. Der **betriebliche Bedarf** an der Arbeitsleistung besteht nur **vorübergehend** (z.B. Erntehilfen, Abwicklungsarbeiten bei Betriebsschließungen).
2. Die Befristung erfolgt im **Anschluss an eine Ausbildung oder ein Studium,** um den Übergang des Beschäftigten in eine Anschlussbeschäftigung zu erleichtern (Werkstudenten können erneut befristet beschäftigt werden).
3. Der Beschäftigte wird zur **Vertretung** eines anderen Beschäftigten beschäftigt (z.B. wegen Elternzeit, Krankheit, Beurlaubung, Einberufung zum Wehrdienst).
4. Die **Eigenart der Arbeitsleistung** rechtfertigt die Befristung (z.B. Mitarbeiter im Rundfunk oder Künstler).
5. Die Befristung erfolgt zur **Erprobung** (Probezeit).
6. In der **Person** des Beschäftigten **liegende Gründe** rechtfertigen die Befristung (z.B. aus sozialen Gründen zur Überbrückung bis zum Wehrdienst oder Beginn eines Studiums).

7. Der Beschäftigte wird aus **Haushaltsmitteln** vergütet, die haushaltsrechtlich für eine befristete Beschäftigung bestimmt sind und er wird entsprechend beschäftigt (beispielsweise für Forschungsprojekte).
8. Die Befristung beruht auf einen **gerichtlichen Vergleich** (beispielsweise Vergleich bei vorangegangener unwirksamer Kündigung zur Auflösung des Arbeitsverhältnisses).

6. Arbeitnehmerüberlassung

Leihe im Konzern

Üblicherweise ist der Einsatz von „Leiharbeitnehmern" nicht gerade ein Instrument zur Beschäftigungssicherung, sondern zum Personalabbau, da ein externes Zeitarbeitsunternehmen Beschäftigte schickt und eigene freie Stellen nicht neu besetzt werden. Etwas anders sieht es aus, wenn das Unternehmen selbst zum „Zeitarbeitsunternehmen" beispielsweise innerhalb eines Konzerns wird. So kann von dem Unternehmen A1 an das Unternehmen A2 eine Ausleihe von Beschäftigten stattfinden, die der eine gerade nicht braucht, der andere aber gut einsetzen kann. Die Kündigungen bei A1 werden so vermieden.

Auch in kleinen Unternehmen mit weniger als 50 Beschäftigten bedarf es keiner Erlaubnis zur Arbeitnehmerüberlassung, wenn folgende Bedingungen (§ 1a AÜG) erfüllt sind:

- Es dient der Vermeidung von Kurzarbeit oder Entlassungen.
- Es wird die Dauer von zwölf Monaten nicht überschritten.
- Es wird die Überlassung vorher schriftlich der Bundesagentur für Arbeit angezeigt.

Auch noch in Frage kommen könnte die erlaubnisfreie Arbeitnehmerüberlassung im gleichen Wirtschaftszweig (§ 1 Abs. 3 Nr. 1 AÜG), wenn folgende Bedingungen erfüllt werden:

- Es handelt sich um Arbeitgebern desselben Wirtschaftszweiges.
- Es dient der Vermeidung von Kurzarbeit oder Entlassungen.
- Es gibt einen für den Entleiher und Verleiher geltenden Tarifvertrag, der dies vorsieht.

Für die Ausleihe im Konzern gelten einige Regeln, die es zu kennen gilt.

Betriebsratspraxis:
Ein Ausleihen von Arbeitnehmern sollte nur in Engpass- und Krisensituationen des Unternehmens erfolgen. Leiharbeitskräfte sind für das Unternehmen teuer. Die Unternehmensleitung soll die Wirtschaftlichkeit belegen, wenn die Leihe zur Dauereinrichtung wird. Meist ist es nur Augenwischerei, da Personalkosten vermeintlich gedrückt werden, weil die Leiharbeitnehmerkosten in den Sachkosten untergehen. Die Kosten sinken nicht, sondern steigen!

6.1 Besonderheiten der Arbeitnehmerüberlassung im Konzern

Das Arbeitnehmerüberlassungsgesetz (AÜG) ist anwendbar, wenn ein Arbeitgeber (Verleiher) einem Dritten (Entleiher) einen seiner Arbeitnehmer (Leiharbeitnehmer) überlässt. Dies gilt nach dem Gesetzestext für die „gewerbsmäßige" Überlassung. Allerdings gelten für Fälle nicht gewerbsmäßiger Überlassung von Arbeitnehmern die Bestimmungen des AÜG ebenfalls, nur ist eine behördliche Erlaubnis dann nicht erforderlich.

6.2 Erlaubnisfreiheit

Die so genannte „Konzernleihe" ist erlaubnisfrei (§ 1 Abs. 3 Nr. 2 AÜG), soweit sie nicht gewerbsmäßig erfolgt. Gewerbsmäßig bedeutet, dass Leiharbeit als neuer Unternehmenszweig zur Gewinnerzielung hinzukommt. Innerhalb eines Konzerns darf danach vorübergehend (dazu unten mehr) Personal verliehen werden, ohne eine Erlaubnis dazu haben zu müssen. Es ist dabei auf den **Konzernbegriff** des § 18 AktG abzustellen (BAG vom 21.3.1990 – 7 AZR 198/89, AP Nr. 15 zu § 1 AÜG). Der Konzernbegriff ist weit auszulegen. Das BAG (vom 5.5.1988 – 2 AZR 795/87, AP Nr. 8 zu § 1 AÜG) hat dazu festgestellt, dass alle Unternehmen unter einer einheitlichen Leitung, mit einem Gewinnabführungsvertrag untereinander oder einem Beherrschungsvertrag als Konzern anzusehen sind. Auch eine beherrschende Beteiligung von mehr als 51 % am Kapital (§ 17 AktG) lässt einen Konzern entstehen. Auf die Rechtsform (GmbH, AG etc.) kommt es nicht an.

6.3 Begriff „vorübergehend"

Die erlaubnisfreie Konzernüberlassung gilt gem. § 1 Abs. 3 Nr. 2 AÜG nur für vorübergehende Arbeitnehmerüberlassung. Die Rechtsprechung legte bereits vor der Neufassung des AÜG das Tatbestandsmerkmal „vorübergehend" weit aus (BAG vom 21.3.1990, a.a.O.). Vorübergehend war danach eine Überlassung schon dann, wenn der Rückkehrzeitpunkt bestimmbar war. Die sich daraus ergebenden Grenzen können allerdings nicht mehr aufrechterhalten werden. Denn mit der ab dem 1.1.2004 geltenden Regelung des § 3 AÜG ist die Beschränkung der Überlassungsdauer entfallen.

Auch längerfristig

Damit ist auch die „Zielsetzung des Gesetzgebers, langfristige Arbeitnehmerüberlassungen möglichst zu unterbinden" (so das BAG vom 21.3.1990) entfallen. Dem Begriff „vorübergehend" im Rahmen der Konzernleihe kommt **keine** großartig einschränkende **Bedeutung** mehr zu. Er ist bereits erfüllt, wenn das Arbeitsverhältnis beim Entleiher besteht, da dann die Rückkehr zum Entleiher notwendig vorgesehen und damit bestimmbar ist. Sei es auch erst zum Übergang in die Rente.

6.4 Gleichheit des Entgelts und der wesentlichen Arbeitsbedingungen

Wichtig ist es, in einer Betriebsvereinbarung bzw. einem Interessenausgleich/Sozialplan die gleiche Bezahlung zu vereinbaren. Die Leiharbeitnehmer haben nämlich nicht Anspruch auf das gleiche Entgelt wie die Beschäftigten im Entleihbetrieb. Dies gilt auch für die wesentlichen Arbeitsbedingungen. Es ist für die Konzernleihe § 10 Abs. 4 AÜG mit der Rückgriffsmöglichkeit auf den Verleiher nicht anwendbar (§ 1 Abs. 3 AÜG).

6.5 Individualrecht

Arbeitsvertragsänderung nötig

Innerhalb eines Konzerns müsste der Unternehmenswechsel einzelvertraglich ausbedungen sein, um gegen den Willen der Beschäftigten die Entsendung durchzusetzen. Ist dies nicht so, müssen die Beschäftigten verpflichtet werden, für das andere Konzernunternehmen zu arbeiten und dessen Weisungen zu folgen oder einem Änderungsvertrag zuzustimmen (vgl. Kittner/Zwanziger, § 131 Rn. 31.) Auch wenn eine „echte" Arbeitnehmerüberlassung nicht vorliegt, dürfte aufgrund der wesentlichen Änderung der inhaltlichen Tätigkeit, des Arbeitsortes (auch im Gebäude) und des arbeitgeberseitigen Weisungsrechts eine entsprechende arbeitsvertragliche Vereinbarung notwendig sein, in der die/der Arbeitnehmer/in sich mit den geänderten Arbeitsbedingungen einverstanden erklärt.

7. Versetzungen

Gegenüber einer Kündigung ist die Versetzung die mildere Maßnahme. Das bedeutet aber nicht, dass dadurch keine Nachteile entstehen könnten. So stellt sich oft die Frage, wer wird versetzt, bis wohin muss einer Versetzung gefolgt werden (Zumutbarkeit eines Ortswechsels) und welche Nachteile im Bezug auf Einkommen oder Arbeitsqualität müssen hingenommen werden.

Nachteilsrisiko

Der Betriebsrat hat bei Organisationsänderungen, die Versetzungen zur Folge haben, die Möglichkeit innerhalb der **Interessenausgleichs- und Sozialplanverhandlungen** Auswahlkriterien aufzunehmen. Zusätzlich kann er seine Rechte bei jeder personellen Einzelmaßnahme ausüben. Soweit Auswahlrichtlinien (s. 9.) bestehen, würden diese Anwendung finden.

Betriebsratspraxis:
Die nachfolgend beschriebenen Regelungen können auch in einer Auswahlrichtlinie vereinbart werden. Soweit derartige Regelungen in einem Interessenausgleich vereinbart werden, können sie eine Auswahlrichtlinie sein und sollten dann möglichst umfassend verhandelt werden. Die Einzelheiten hierzu finden Sie im 9. Kapitel.

7.1 Zumutbarkeitskriterien

Besonders bei dem Verschieben von Arbeitsplätzen innerhalb eines Unternehmens kommt es darauf an, dass der Betriebsrat in einem Sozialplan beschreibt, was **zumutbar** ist. Damit werden die Möglichkeiten für Versetzungen durch den Unternehmer eingeschränkt. In vielen Arbeitsverträgen behalten sich bundesweit tätige Unternehmen vor, dass ein Einsatz im gesamten Bereich des Unternehmens erfolgen könnte. Damit müsste der Beschäftigte u.U. von Kiel nach Garmisch umziehen, wenn nicht der Betriebsrat Grenzen ziehen kann.

Üblicherweise werden die Kriterien der zumutbaren neuen Arbeitsplätze nach folgenden Begriffen unterschieden:

- Es wird von der **materiellen Zumutbarkeit** gesprochen, wenn die Sicherung der bisherigen Verdienstmöglichkeiten gemeint ist.

- Von der **funktionellen Zumutbarkeit** ist die Rede, wenn sichergestellt wird, dass der neue Arbeitsplatz der bisherigen Qualifikation (Ausbildung, Berufserfahrung etc.) entspricht und vergleichbare Entwicklungsmöglichkeiten (Aufstieg durch Qualifizierung) beinhaltet.

Kriterien

- Die **zeitliche Zumutbarkeit** betrachtet die Lage und Dauer der neuen Arbeitszeit (feste Arbeitszeit – Gleitzeit etc.).
- Die meisten Regelungen betreffen die Frage der **Zumutbarkeit von Fahrtzeiten** zum neuen Arbeitsort. Hier wird oft Bezug genommen auf die Regeln des SGB III. Dies klappt heute nicht mehr, da dort keine vernünftigen Grenzen mehr benannt werden.
- Auch die **gesundheitliche Zumutbarkeit** könnte regelungsbedürftig sein, wenn es gilt, Arbeitsbelastungen und Arbeitsumgebungseinflüsse (Lärm, Hitze etc.) am neuen Arbeitsplatz zu beachten.
- Zum Kreis der wichtigen Kriterien gehört auf jeden Fall auch die **soziale Zumutbarkeit**. Dabei wird danach gefragt, ob die bisherige Pflege von Angehörigen auch künftig möglich, ob die Betreuung von Kindern gesichert ist oder andere persönliche Härten ausgeschlossen wurden.

Grenzen der Einigungsstelle

Sollte es dem Betriebsrat nicht gelingen, diese Kriterien in einem Sozialplan zu verankern und muss er die Schlichtung einer **Einigungsstelle** suchen, so steht es um den Versetzungsschutz schlecht. Eine Einigungsstelle darf nach § 112 Abs. 5 Nr. 2 BetrVG Beschäftigte von Sozialplanleistungen ausschließen, wenn sie einen zumutbaren Arbeitsplatz im selben Betrieb oder in einem anderen Betrieb des Unternehmens oder Konzern ablehnen. Dabei begründet die mögliche Weiterbeschäftigung an einem anderen Ort für sich allein nicht die Unzumutbarkeit, heißt es im Gesetz weiter.

7.2 Sozialauswahl

Der Betriebsrat muss darauf achten, dass durch Versetzungen auf freie Stellen nicht die spätere Sozialauswahl bei zu kündigenden Beschäftigten eingeschränkt wird und nur nach dem „Nasenprinzip" die Besetzung stattfindet. Das BAG (vom 30.8.1995 – 1 ABR 11/95, AP Nr. 5 zu § 99 BetrVG 1972) hat dazu entschieden, dass bei einem Wegfall von Arbeitsplätzen mehrerer vergleichbarer Arbeitnehmer eine Sozialauswahl vorzunehmen ist (§ 1 Abs. 3 KSchG), wenn nur für einen Teil dieser Arbeitnehmer andere Beschäftigungsmöglichkeiten zur Verfügung stehen. Dann begründet die Versetzung eines Arbeitnehmers auf einen der freien Arbeitsplätze im Sinne des § 99 Abs. 2 Nr. 3 BetrVG die Besorgnis, dass einem anderen Arbeitnehmer infolge dieser Maßnahme gekündigt wird. Damit kann der Betriebsrat die Zustimmung zu dieser Versetzung mit der Begründung verweigern, der Arbeitgeber habe soziale Auswahlkriterien nicht berücksichtigt.

Diese Regelung gilt auch, wenn durch Umorganisation ein Teil der Arbeitsplätze wegfällt, gleichzeitig aber neue Beförderungsstellen geschaffen werden, auf denen überwiegend die gleichen Tätigkeiten verrichtet werden müssen. Voraussetzung ist allerdings, dass die bisherigen Arbeitsplatzinhaber vergleichbar sind, also diese hierfür persönlich und fachlich geeignet sind.

Schließlich ist denkbar, dass in verschiedenen Betrieben eines Unternehmens Arbeitsplätze wegfallen und die Weiterbeschäftigung nur eines Arbeitnehmers auf einem freien Arbeitsplatz in einem dieser Betriebe möglich ist. Dann hat der Arbeitgeber bei der Besetzung des freien Arbeitsplatzes (§ 1 Abs. 2 Satz 2 Nr. 1 b KSchG) die sozialen Belange der betroffenen Arbeitnehmer zumindest nach § 315 BGB mit zu berücksichtigen (BAG vom 15.12.1994 – 2 AZR 320/94, AP Nr. 66 zu § 1 KSchG 1969).

7.3 Mitbestimmung bei Einzelmaßnahmen

Unabhängig von den Rechten zur Regelung im Interessenausgleich und Sozialplan verfügt der Betriebsrat über die Mitbestimmungsrechte bei Versetzungen gemäß §§ 99 – 101 BetrVG. Danach ist der Betriebsrat über jede einzelne geplante Versetzung unter Vorlage der erforderlichen Unterlagen zu **unterrichten**.

Er prüft, ob einer der Widerspruchsgründe des § 99 Abs. 2 BetrVG gegeben ist und verweigert gegebenenfalls innerhalb einer Woche schriftlich unter Angabe der tatsächlichen Gründe seine Zustimmung.

§ 99 Abs. 2 BetrVG lautet:

Der Betriebsrat kann die Zustimmung verweigern, wenn

1. die personelle Maßnahme gegen ein Gesetz, eine Verordnung, eine Unfallverhütungsvorschrift oder gegen eine Bestimmung in einem Tarifvertrag oder in einer Betriebsvereinbarung oder gegen eine gerichtliche Entscheidung oder eine behördliche Anordnung verstoßen würde,

2. die personelle Maßnahme gegen eine Richtlinie nach § 95 verstoßen würde,

3. die durch Tatsachen begründete Besorgnis besteht, dass infolge der personellen Maßnahme im Betrieb beschäftigte Arbeitnehmer gekündigt werden oder sonstige Nachteile erleiden, ohne dass dies aus betrieblichen oder persönlichen Gründen gerechtfertigt ist; als Nachteil gilt bei unbefristeter Einstellung auch die Nichtberücksichtigung eines gleich geeigneten befristet Beschäftigten,

4. der betroffene Arbeitnehmer durch die personelle Maßnahme benachteiligt wird, ohne dass dies aus betrieblichen oder in der Person des Arbeitnehmers liegenden Gründen gerechtfertigt ist,

5. eine nach § 93 erforderliche Ausschreibung im Betrieb unterblieben ist oder

6. die durch Tatsachen begründete Besorgnis besteht, dass der für die personelle Maßnahme in Aussicht genommene Bewerber oder Arbeitnehmer den Betriebsfrieden durch gesetzwidriges Verhalten oder durch grobe Verletzung der in § 75 Abs. 1 enthaltenen Grundsätze, insbesondere durch rassistische oder fremdenfeindliche Betätigung, stören werde.

Was unter den einzelnen Punkten zu verstehen ist, kann im Rahmen dieses Buches nicht erörtert werden. Sehr ausführlich wird dies beispielsweise im Kommentar zum Betriebsverfassungsgesetz von Däubler/Kittner/Klebe (Hrsg.) des Bund-Verlages (9. Aufl. 2004) behandelt.

Will das Unternehmen trotz des Widerspruchs des Betriebsrates an der Maßnahme festhalten, so hat es die **Zustimmung** durch das Arbeitsgericht **ersetzen** zu lassen (§ 100 BetrVG).

Führt der Unternehmer eine Versetzung ohne Zustimmung des Betriebsrates und ohne arbeitsgerichtliches Ersetzungsverfahren durch, so kann der Betriebsrat seinerseits beim **Arbeitsgericht** beantragen, dass die Maßnahme aufgehoben wird.

8. Kündigungsregeln

Im Interessenausgleich wird bei Organisationsänderungen zu beschreiben sein, wie die verbleibenden Stellen verteilt werden und wie die Sozialauswahl stattfindet. Basis ist dafür das Kündigungsschutzgesetz (KSchG). Auch wenn im Interessenausgleich keine Regelungen vereinbart werden, sollte der Betriebsrat wissen, welche gesetzlichen Grundlagen zu beachten sind, um den Betroffen zumindest raten zu können, sich bei der Gewerkschaft Rechtsrat über die Erfolgsaussichten einer Kündigungsschutzklage einzuholen.

Das Kündigungsschutzgesetz findet aber nicht in allen Betrieben Anwendung. Voraussetzung ist, dass in der Regel **mehr als fünf Arbeitnehmer** im Betrieb beschäftigt sind (§ 23 Abs. 1 Satz 2 KSchG). Auszubildende dürfen dabei nicht mitgezählt werden. Die Beschäftigten, die eine wöchentliche Arbeitszeit unterhalb von 30 Stunden haben, werden nur noch anteilig nach folgender Staffel berücksichtigt:

– bis 20 Std./Wo. = 0,5

– bis 30 Std./Wo. = 0,75

– über 30 Std./Wo. = 1,0 Pers.

Die Geltung für den Betrieb reicht noch nicht, es muss außerdem die Anwendbarkeit für jede betroffene Person hinzukommen. In § 1 Abs. 1 KSchG ist festgelegt, dass das Arbeitsverhältnis des betroffenen Beschäftigten länger als **sechs Monate** bestanden haben muss, sonst gelten die Schutzregeln für diese Person nicht.

Persönliche Voraussetzungen

Betriebsratspraxis:
Die nachfolgend beschriebenen Regeln zur Sozialauswahl oder davon abweichende Bestimmungen können auch in einer Auswahlrichtlinie vereinbart werden. Werden derartige Regelungen in einem Interessenausgleich vereinbart, können sie eine Auswahlrichtlinie sein und sollten möglichst umfassend verhandelt werden. Die Einzelheiten dazu finden Sie im 9. Kapitel.

8.1 Kündigungsarten

Nicht jede Kündigung löst den Schutzmechanismus der Sozialauswahl aus. Dies trifft nur für die betrieblich bedingten Kündigungen zu. Es könnte aber auch aus anderen Gründen gekündigt werden. Dies ist insbesondere bei Sozialplanregelungen zu beachten.

Das Herzstück des KSchG ist die so genannte **soziale Rechtfertigung** als Wirksamkeitsvoraussetzung für eine Kündigung. Dabei unterscheidet das KSchG in § 1 Abs. 2 drei Kündigungsarten:

Drei mögliche Kündigungsgründe

- Zum einen die Kündigung aus Gründen, die in der Person des Beschäftigten liegen (**personenbedingte** Kündigung),
- dann die Kündigung aus Gründen, die in dem Verhalten des Beschäftigten liegen (**verhaltensbedingte** Kündigung), und letztlich
- die Kündigung wegen dringender betrieblicher Erfordernisse, die einer Weiterbeschäftigung des Beschäftigten in diesem Betrieb entgegenstehen (**betriebsbedingte** Kündigung).

Eine **personenbedingte** Kündigung wäre nach dem KSchG daher nur dann wirksam, wenn Kündigungsgründe in der betroffenen Person tatsächlich vorliegen. Als Beispiel für eine personenbedingte Kündigung sei die krankheitsbedingte Kündigung genannt. Hier muss dargelegt werden, dass eine längere Krankheit vorliegt, dass diese auch für die Zukunft zur Arbeitsunfähigkeit führen wird und dadurch wirtschaftliche Beeinträchtigungen für das Unternehmen entstehen, sodass ihm die Weiterbeschäftigung nicht zugemutet werden kann.

Eine **verhaltensbedingte** Kündigung setzt voraus, dass ein zu missbilligendes Verhalten des Beschäftigten vorliegt, er also z. B. ständig zu spät kommt und damit den Betriebsablauf stört oder seine Leistungen nicht den zu erwartenden durchschnittlichen Anforderungen entsprechen. Aus den gegenseitigen Treuepflichten folgt, dass verhaltensbedingte Kündigungen nur dann erfolgen dürfen, wenn vorher den Beschäftigten Gelegenheit gegeben wurde, ihr missbilligtes Verhalten zu ändern. Sie müssen daher regelmäßig eine Abmahnung erhalten haben. Erst dann ist die Kündigung wirksam.

Für die **betriebsbedingte** Kündigung geht das Gesetz jedoch weiter, zum einen sind die dringenden betrieblichen Erfordernisse darzulegen – wenn beispielsweise eine Abteilung gänzlich aufgegeben wird oder mehrere zusammengelegt werden und dadurch Arbeitsplätze entfallen – und zum anderen ist die so genannte Sozialauswahl durchzuführen.

Sozialauswahl auch bei Versetzung

Exkurs Versetzung:
Die Frage der Auswahl der Beschäftigten kann sich auch vor den Kündigungen stellen, wenn nämlich diejenigen zu finden sind, die versetzt werden sollen. Das BAG geht in ständiger Rechtsprechung auch davon aus, dass auch bei einer **Versetzung** eine Sozialauswahl durchzuführen ist, wenn nämlich mehrere Arbeitsplätze wegfallen werden und nur für einen Teil der Betroffenen gleichwertige Arbeitsplätze zur Verfügung stehen (vgl. BAG vom 2.4.1996, NZA 1997, 219 und BAG vom

30.8.1995, AiB 1996, 486). Nur so kann verhindert werden, dass erst Beschäftigte auf die freien Plätze versetzt werden, ohne dass soziale Kriterien berücksichtigt wurden und dann bei nachfolgenden Entlassungen keine Arbeitsplätze mehr frei sind.

Die Sozialauswahl ist Sache des Unternehmens. Gleichwohl kann ein Vorauswahlsystem vereinbart werden und der Betriebsrat hat die Aufgabe, im Rahmen seines Mitbestimmungsrechts nach § 102 BetrVG die vorgenommene Auswahl zu würdigen.

8.2 Sozialauswahl

Bevor wir zur Auswahl der betroffenen Beschäftigten nach sozialen Kriterien (Sozialauswahl) kommen, ist zu prüfen, ob überhaupt betrieblichen Gründe zur Notwendigkeit von **betriebsbedingten Kündigungen** vorliegen.

Betriebliche Gründe

Die erforderlichen dringenden betrieblichen Gründe für eine Kündigung liegen vor, wenn eine **unternehmerische Entscheidung** getroffen wurde, die zum Wegfall von Beschäftigungsmöglichkeiten führt. Der Unternehmer hat darzulegen, dass sich eine Reduzierung des Arbeitsvolumens ergibt und diese die Kündigungen erfordert.

Liegen die dringenden betrieblichen Gründe für Kündigungen vor, so ist die **Sozialauswahl im engeren Sinne** durchzuführen. Die Kriterien für die Sozialauswahl sind gesetzlich abschließend festgelegt worden. Die Sozialauswahl findet in **drei Schritten** statt.

1. Schritt:
Es wird der Kreis der **vergleichbaren Beschäftigten** ermittelt. Es wird dabei geprüft, welche Stellen betroffen sind und welche Beschäftigten von ihrer **Funktion** her mit den Stelleninhabern vergleichbar sind. Dies geschieht abteilungsübergreifend für den gesamten Betrieb.

Vergleichen

Beispiel:

	Abtlg. I	Abtlg. II	Abtlg. III
Hilfskräfte	2	3	(1)
Schreibkräfte	4	(3)	2

Die Abteilung III soll künftig keine Hilfskraft mehr beschäftigen und die Abteilung II keine Schreibkräfte. Diese Stelle wurde gestrichen. Ob jedoch die Person aus Abteilung 3 oder eine Person aus den beiden anderen Abteilungen gekündigt wird, entscheidet sich nach sozialen Kriterien.

> Das Gleiche gilt für die gestrichenen Stellen der Schreibkräfte der Abteilung 2; auch diese Streichung sagt nichts über die tatsächlich betroffenen Personen.

Bei der Sozialauswahl auf **„horizontaler Ebene"** ist zur Frage der Vergleichbarkeit auf die tatsächliche Tätigkeit der Betroffenen, auf deren vorhandene Qualifikationen und Erfahrungen abzustellen. Zu vergleichen ist dies dann mit den anderen Stellen und den dort erforderlichen Qualifikationen. Dabei sind auch zumutbare Fortbildungsmaßnahmen zu berücksichtigen. Also wären in diesen Kreis auch Stellen einzubeziehen, für die die Beschäftigten eine kurze Fortbildung benötigen würden.

2. Schritt:

Geschützte Personen herausnehmen

Es wird überprüft, ob es Beschäftigte gibt, die nicht in die soziale Auswahl einzubeziehen sind, weil ihre Kündigung durch gesetzliche, tarif- oder arbeitsvertragliche Regelungen ausgeschlossen ist. Dies betrifft also die Betriebsräte, Mitglieder von Jugend- und Ausbildungsvertretungen und Wehr- und Zivildienstleistende (BAG vom 8.8.1985, EzA Nr. 21 zu § 1 KSchG Soziale Auswahl), Eltern in Elternzeit, werdende Mütter, Auszubildende und schwerbehinderte Menschen sind erst einzubeziehen, wenn die Zustimmung der zuständigen Ärzte vorliegt (Kittner u.a., KSchR, § 1 KSchG Rn. 444).

Nach § 1 Abs. 3 Satz 2 KSchG sind dann aus der Sozialauswahl diejenigen herauszunehmen, deren Weiterbeschäftigung insbesondere wegen ihrer Kenntnisse, Fähigkeiten und Leistungen oder zur Sicherung einer ausgewogenen Personalstruktur im **berechtigten Interesse** des Betriebes liegen. Es liegt nunmehr am Unternehmer, nachzuweisen, dass einzigartige Kenntnisse, Fähigkeiten und Leistungen vorliegen. Pauschale Behauptungen reichen dafür nicht aus. So müsste z.B. konkretisiert werden, welche speziellen EDV-Kenntnisse jemand hat, die andere nicht haben und auch kurzfristig nicht erwerben können.

3. Schritt:
Es findet dann die Auswahl nach **sozialen Kriterien** statt. Der Gesetzgeber hat gemäß § 1 Abs. 3 Satz 1 KSchG die Sozialauswahl auf bestimmte Kriterien beschränkt! Soziale Gesichtspunkte sind:

Vier Kriterien
- das **Lebensalter,**
- die **Betriebszugehörigkeit,**
- **Unterhaltspflichten** und die
- **Schwerbehinderung** von Beschäftigten.

Eine Gewichtung dieser einzelnen Punkte an sich und im Verhältnis zueinander ist im Gesetz nicht beschrieben. Jedoch ist in § 10 KSchG die **Betriebszugehörigkeit** mit einer besonderen Bedeutung belegt. Von ihr wird nämlich in erster Linie die Höhe einer ggf. zu zahlenden Abfindung abhängig gemacht. Dies kann auch auf die Sozialauswahl übertragen und damit der Betriebszugehörigkeit ein besonderer Stellenwert eingeräumt werden.

Mit dem Kriterium **Lebensalter** wird das Zeitelement nochmals verstärkt. Wer lange in einem Unternehmen beschäftigt ist, hat auch regelmäßig ein höheres Lebensalter. Allerdings ist das Lebensalter auch ein Kriterium, das insbesondere über die künftigen **Aussichten auf dem Arbeitsmarkt** Auskunft gibt. Je älter die Beschäftigten sind, desto geringer dürften ihre Vermittlungschancen sein. Wobei dies auch abhängig von der Qualifikation der Beschäftigten ist, die aber im KSchG nicht erwähnt wird.

Zu den **Unterhaltspflichten** sei noch gesagt, dass sich diese gegenüber Kindern ergeben können, aber auch gegenüber Ehegatten, Eltern oder anderen Verwandten. Der Betriebsrat wird darauf achten müssen, dass der Unternehmer nicht vorschnell nur auf die in der Lohnsteuerkarte eingetragenen Kinder abstellt.

8.3 Punktesystem zur Sozialauswahl

Wie soll die Sozialauswahl im engeren Sinne nun durchgeführt werden? Wie wird man den Leuten gerecht? Natürlich muss die Personalabteilung die Auswahl vornehmen, aber der Betriebsrat muss im Rahmen der Mitbestimmung eine Überprüfung vornehmen. Ist da vielleicht ein Punktesystem objektiver und gerechter?

Es gibt die Möglichkeit, ein System zur Sozialauswahl grundsätzlich zu vereinbaren. Eine solche **Auswahlrichtlinie** nach § 1 Abs. 4 KSchG in Verbindung mit § 95 BetrVG würde dazu führen, dass die Möglichkeiten der Beschäftigten im Kündigungsschutzprozess, die Kündigung überprüfen zu lassen, stark sinken. Daneben kann im Rahmen eines Interessenausgleichs oder eines Sozialplans ein **Punkteschema** zur Sozialauswahl vereinbart werden. In der Rechtsprechung wurden verschiedene Punkte-Schemata anerkannt. Allerdings hat das BAG dazu festgestellt, dass ein Punkteschema immer nur der **Vorauswahl** dienen darf (BAG vom 24.3.1983, AP Nr. 12 zu § 1 KSchG Betriebsbedingte Kündigung; zu den Gestaltungsmöglichkeiten s. Gaul, Gestaltungsspielraum bei Punkteschemata zur betriebsbedingten Kündigung, NZA 2004, 184 ff.). Die Sozialauswahl darf nicht ausschließlich auf Grund eines schematischen Punktesystems erfolgen. Dieses hat immer unter Abwägung der konkreten Umstände des Einzelfalls eine Entscheidung zu erfolgen.

Nur erste Zuordnung

Auch ein Punktesystem ist subjektiv, da nämlich mit der Bewertung der einzelnen Kriterien mit Punkten ein Schwerpunkt gelegt werden kann. Dies zeigen die nachfolgenden Beispiele.

Beispiel 1: Tabelle zur Bewertung der sozialen Kriterien
(in Anlehnung an LAG Hamm vom 7.7.1981, BB 1981, 1770; LAG Düsseldorf vom 3.6.1982, DB 1982, 1935)

1. Lebensalter
   - bis zu 20 Jahren — 0 Punkte
   - bis zu 30 Jahren — 1 Punkt
   - bis zu 40 Jahren — 2 Punkte
   - bis zu 50 Jahren — 3 Punkte
   - über 50 Jahre — 5 Punkte
2. Betriebszugehörigkeit je volles Beschäftigungsjahr — 4 Punkte
3. Unterhaltsberechtigte Kinder, je Kind — 5 Punkte
4. Schwerbehinderte — 10 Punkte

Beispiel 2:
(BAG vom 18.1.1990, AP Nr. 19 zu § 1 KSchG Soziale Auswahl)

1. Betriebszugehörigkeit
   - bis zu 10 Jahren je Dienstjahr — 1 Punkt
   - ab dem 11. Jahr je Dienstjahr — 2 Punkte

   Es werden nur Zeiten bis zum vollendeten 55. Lebensjahr berücksichtigt.
2. Lebensalter
   - je vollendetes Lebensjahr — 1 Punkt
   - maximal jedoch 55 Punkte
3. unterhaltsberechtigte Kinder
   - je Kind — 4 Punkte
4. Familienstand
   - verheiratet — 8 Punkte
5. Schwerbehinderung
   - bis 50 % Erwerbsminderung — 5 Punkte
   - über 50 % je 10 % — 1 Punkt

In dem obigen ersten Punkteschema wird sichtbar, dass der absolute Schwerpunkt auf der **Betriebszugehörigkeit** liegt. Durch das Lebensalter ist die Betriebszugehörigkeit in keinem Fall aufzuwiegen. Auch die Unterhaltspflichten spielen nur eine nachgeordnete Rolle. Im zweiten Punkteschema ist das **Lebensalter** das wesentliche Kriterium.

Betriebszugehörigkeit und Unterhaltspflichten können die Punkte aus dem Lebensalter nicht wettmachen.

Diese Beliebigkeit soll ein drittes Schema verdeutlichen:

Beispiel 3:

1. Betriebszugehörigkeit
   bis zu 10 Jahren je Dienstjahr   1 Punkt
   ab dem 11. Jahr je Dienstjahr   0,5 Punkte
   Begrenzung beim 35. Dienstjahr

2. Lebensalter
   bis zum 30. Lebensjahr insgesamt   5 Punkte
   bis zum 45. Lebensjahr je Lebensjahr 1 Punkt
   dann bis zum 55. Lebensjahr   2 Punkte
   keine Punkte ab dem 55. Lebensjahr

3. Unterhaltspflichten je Person   5 Punkte

   bei Unterhaltsbeträgen von über 250,00 €
   je Person nochmals pro Person   5 Punkte

   bei Unterhaltspflichten für Kinder
   unter 10 Jahren je Kind weitere   5 Punkte und
   bei Kindern unter 15 Jahren je Kind weitere   3 Punkte und
   bei Kindern unter 18 Jahren weitere 2 Punkte

4. Schwerbehinderung   10 Punkte

Dies führt dazu, dass durch die hohe Bewertung von Unterhaltspflichten jüngere Beschäftigte, die noch nicht so lange in dem Unternehmen arbeiten, trotzdem als besonders schützenswert angesehen werden.

Fazit:
Die Sozialauswahl bleibt eine Einzelfallentscheidung. Diese muss vorbereitet werden und bedarf einer sachgerechten Abwägung. Der Betriebsrat wird mittels entsprechendem Fragebogen die sozialen Daten der Personen ermitteln müssen und vielleicht in einer Tabelle gegenüberstellen, sodass Alter, Betriebszugehörigkeit, Unterhaltspflichten und andere soziale Elemente deutlich erkennbar sind und dann die Auswahl stattfinden kann.

Einzelfall vor Punktsystem

8.4 Namensliste

Es besteht nach der gesetzlichen Neuregelung seit dem 1.1.2004 wieder die Möglichkeit, dass Unternehmen und Betriebsrat eine Namensliste vereinbaren (§ 1 Abs. 5 KSchG). Liegt eine Betriebsänderung vor und wird ein Interessenausgleich geschlossen, kann diesem eine Liste mit den Namen der zu kündigenden Beschäftigten beigefügt werden.

Sozialauswahl wird zementiert

Mit der Namensliste wird für das Unternehmen eine hohe Sicherheit erzeugt, dass die Kündigungen auch arbeitsgerichtlich nicht mehr anfechtbar sind. Für die Beschäftigten bedeutet dies auf der anderen Seite, dass sie **kaum Chancen** haben, eine **falsche Sozialauswahl** gerichtlich **zu kippen**.

Für mich ist der Vorteil von Namenslisten für die Betroffenen **nicht** erkennbar. Der Betriebsrat hat zu entscheiden, ob er von der Aufgabe nach dem BetrVG abrückt, wonach er nur die Richtigkeit der Unternehmensentscheidung zur Kündigung zu überprüfen hat. Mit der Namensliste betont er, dass er an den Kündigungen im gewissen Sinn mitwirken will. Er würde mit der Namenliste direkt an der Auswahl beteiligt werden. Natürlich kann er dann nicht mehr nach § 102 BetrVG einer Kündigung widersprechen. Üblicherweise wird in Ergänzung der Namensliste vom Betriebsrat das Beteiligungsrecht nach § 102 BetrVG auch als erfolgt angesehen, wenn eine Einigung über eine Liste stattfand.

8.5 Aufgaben des Betriebsrates

Unabhängig von Betriebsvereinbarungen oder Sozialplan hat der Betriebsrat sich mit den Kündigungen im Einzelnen auseinander zu setzen. Seine Mitbestimmungsrechte gemäß § 102 BetrVG sind zu beachten.

Für alle drei Kündigungsarten gilt, dass der Betriebsrat gegen die Kündigung **Bedenken** (§ 102 Abs. 2 BetrVG) anmelden oder **widersprechen** kann, wenn einer der Gesichtspunkte des § 102 Abs. 3 BetrVG vorliegt:

Widerspruchsgründe

1. Der Unternehmer hat bei der Auswahl des zu kündigenden Beschäftigten soziale Gesichtspunkte nicht oder nicht ausreichend berücksichtigt,
2. die Kündigung verstößt gegen eine Richtlinie nach § 95 BetrVG,
3. der zu kündigende Beschäftigten kann an einem anderen Arbeitsplatz im selben Betrieb oder in einem anderen Betrieb des Unternehmens weiterbeschäftigt werden,
4. die Weiterbeschäftigung des Beschäftigten ist nach zumutbaren Umschulungs- oder Fortbildungsmaßnahmen möglich oder
5. eine Weiterbeschäftigung des Beschäftigten unter geänderten Vertragsbedingungen ist möglich und der Beschäftigte hat sein Einverständnis hiermit erklärt.

Erforderlich ist jedoch, dass der Betriebsrat aus diesen Gründen auch widersprochen hat und dies seinem **Widerspruchsschreiben** entnommen werden kann. Bei erforderlichen Fortbildungs- oder Umschulungsmaßnahmen ist ferner die Zustimmung des betroffenen Beschäftigten nötig. Hier wird die Wirkung des Widerspruchs des Betriebsrats sehr deutlich. Er hat es in der Hand, ob der gekündigte Beschäftigte sich darauf berufen kann, dass ein anderer Arbeitsplatz frei ist oder nicht.

Schriftlich!

Der Betriebsrat hat bei seiner Würdigung der Kündigung auch zu prüfen, ob soziale Gesichtspunkte nicht oder nicht ausreichend berücksichtigt wurden. Er ist dabei **nicht** an die Vorgaben des KSchG gebunden! Der Betriebsrat hat im Rahmen von Kündigungsverfahren die oben beschriebenen formalen und inhaltlichen Fragen zu klären. Gesetzliche Vorgaben und besondere kündigungsschutzrechtliche Bestimmungen sind zu prüfen.

Der Widerspruch der Interessenvertretung ist für den Beschäftigten wichtig und stellt eine Grundlage für das Arbeitsgericht im Kündigungsschutzverfahren dar. Er sichert den Beschäftigten auch die **Weiterbeschäftigung** in dem Unternehmen, wenn der Widerspruch nicht offensichtlich unbegründet ist. Ein Beispiel für ein Widerspruchsschreiben wird auf Seite 115 dargestellt.

Wirkung des Widerspruchs

Soweit der Betriebsrat nur Bedenken nach § 102 Abs. 2 BetrVG anmeldet, haben diese die Bedeutung, dass sich das Unternehmen nochmals mit der Kündigung beschäftigen soll. Auswirkungen für den Beschäftigten haben diese Bedenken nicht. Sie beinhalten insbesondere nicht die Pflicht für das Unternehmen zur Weiterbeschäftigung.

9. Auswahlrichtlinien

9.1 Allgemeine Grundsätze

Auswahlrichtlinien sind in einer Betriebsvereinbarung, einem Interessenausgleich oder Sozialplan festgelegte Grundsätze, die der Entscheidungsfindung bei personellen Einzelmaßnahmen dienen sollen, wenn für diese mehrere Arbeitnehmer und Bewerber in Frage kommen. Durch sie können, wie sich aus § 95 Abs. 2 S. 1 BetrVG ergibt, die zu beachtenden fachlichen, persönlichen und sozialen Voraussetzungen festgelegt werden. Auswahlrichtlinien tragen somit abhängig von ihrer Vollständigkeit mehr oder weniger dazu bei, die Auswahlentscheidung bei personellen Einzelmaßnahmen vorherzubestimmen und so zu objektivieren.

Auswahlrichtlinien setzen voraus, dass sie nicht nur für einen Einzelfall, sondern für alle zukünftigen personellen Einzelmaßnahmen gelten sollen. Deshalb ist ein für eine konkrete Betriebsänderung aufgestelltes Punkteschema zur Sozialauswahl bei betriebsbedingten Kündigungen keine darüber hinaus geltende Auswahlrichtlinie (LAG Niedersachsen vom 18.10.1994, DB 1995, 2375).

9.2 Rechtsnatur

Die Rechtsnatur von Auswahlrichtlinien wurde bisher unterschiedlich beurteilt. Der Gesetzgeber hat den Meinungsstreit in § 1 Abs. 4 KSchG entschieden. Danach sind schriftlich abgeschlossene Auswahlrichtlinien bzw. solche, die auf einem Spruch der Einigungsstelle beruhen, Betriebsvereinbarungen (DKK, BetrVG, § 95 Rn. 12) Aber Achtung: Die Schriftform ist nicht vorgeschrieben. Daher könnten Auswahlrichtlinien auch in einer formlosen Regelungsabrede vereinbart werden. Damit wären die Inhalte für die Betroffenen nicht einklagbar. Allerdings gilt auch in diesem Fall § 77 Abs. 5 BetrVG entsprechend, sodass zumindest ein einseitiger Widerruf der Richtlinien ohne Wahrung der Kündigungsfrist nicht möglich ist (Erfurter Kommentar zum Arbeitsrecht, § 95 BetrVG Rn. 5). Eine Nachwirkung entfalten Auswahlrichtlinien nur im Anwendungsbereich von § 95 Abs. 2 BetrVG, also in Betrieben mit mehr als 500 Beschäftigten, in denen sie erzwungen werden können.

9.3 Inhalt der Auswahlrichtlinie

Nach § 1 Abs. 4 KSchG in Verbindung mit § 95 BetrVG besteht die Möglichkeit, durch **Auswahlrichtlinien** die zu beachtenden sozialen Gesichtspunkte aufzuführen und fest zu legen, in welchem Verhältnis sie zueinander zu bewerten sind. Wie oben bereits dargelegt könnte also ein Punktesystem in einer derartigen Richtlinie festgeschrieben werden. Auch die Frage der Zumutbarkeit von Versetzungen, der Beschreibung von vergleichbaren Tätigkeiten oder Beschäftigtengruppen lässt die Richtlinie zu.

Ist in der Richtlinie festgelegt, welche sozialen Gesichtspunkte nach § 1 Abs. 3 Satz 1 KSchG zu berücksichtigen sind und wie diese im Verhältnis zueinander zu bewerten sind, kann diese Bewertung durch das Arbeitsgericht nur auf **„grobe Fehlerhaftigkeit"** überprüft werden. Damit steigt die Sicherheit für das Unternehmen, dass Kündigungen nicht durch die Gerichte wieder aufgehoben werden.

Vor- und Nachteile

Grob fehlerhaft wäre die Auswahlrichtlinie beispielsweise, wenn sie tragende Kriterien nicht in die Bewertung einbezieht bzw. jede Ausgewogenheit in der Gewichtung der maßgeblichen Kriterien vermissen lässt. Ist die Auswahlrichtlinie in diesem Sinne grob fehlerhaft, wäre eine Kündigung noch nicht zwingend unwirksam. Das Gericht hat dann in einer Einzelfallbetrachtung zu entscheiden.

In einem ersten Schritt erfolgt die Sozialauswahl anhand des nachfolgenden Punkteschemas, danach hat eine Einzelfallprüfung stattzufinden:

Punktesystem

- Für jedes vollendete Lebensjahr ab dem vollendeten 18. Lebensjahr erhält der Mitarbeiter 1 Punkt, maximal jedoch 35 Punkte.

- Für jedes vollendete Dienstjahr erhält der Mitarbeiter 1 Punkt, maximal jedoch 35 Punkte.

- Für jede Person, für die gesetzlich Unterhaltspflichten bestehen, erhält der Mitarbeiter 6 Punkte.

- Behinderte mit einem anerkannten Grad der Behinderung von mindestens 50 % und Gleichgestellte erhalten weitere 5 Punkte und für einen um je 10 % erhöhten Grad der Behinderung (ab 50 %) einen weiteren Punkt.

In diesem Fall bleibt im **Kündigungsschutzprozess** für das Gericht nur noch die Möglichkeit, diese Bewertung auf grobe Fehlerhaftigkeit zu überprüfen. Damit bindet sich der Betriebsrat und schränkt die Rechte der betroffenen Beschäftigten ein. Diese Einschränkung soll aber nicht gelten, wenn es um die Frage geht, wer nach § 1 Abs. 3 Satz 2 KSchG wegen betrieblicher Gründe nicht in die Soziauswahl einzubeziehen ist

Einschränkungen im Prozess

(Kittner/Zwanziger, § 92 Rn. 50). Das BAG hat dieses Auswahlermessen auch nicht auf die Bestimmung des Kreises der in die Sozialauswahl einzubeziehenden Arbeitnehmer erstreckt (vgl. BAG vom 7.5.1998, EzA Nr. 5 zu § 1 KSchG Interessenausgleich). Es bleibt daher bei der vollen gerichtlichen Überprüfbarkeit der Frage, wer in die Sozialauswahl einzubeziehen ist und zum Kreis der vergleichbaren Beschäftigten gehört.

Auswahlrichtlinien können oft eine Hilfe und ein Pfand für eine „gerechte" oder zumindest faire Auswahlentscheidung des Unternehmens sein. Erzwingbar sind sie nur für Betriebsräte, die Betriebe (nicht Unternehmen!) mit mehr als 500 Arbeitnehmern vertreten. In kleineren Betrieben kann eine Betriebsvereinbarung dazu freiwillig erfolgen. Ist eine solche Regelung jedoch abgeschlossen, sind die Inhalte einklagbar.

Entdeckt das Unternehmen später, dass es einzelne Regelungen in der Betriebsvereinbarung ändern möchte, so hat die Vereinbarung insgesamt Nachwirkung und gilt in der alten Fassung für die Beschäftigten bis zu einer Neuregelung weiter (vgl. DKK, BetrVG, § 95 Rn. 13).

9.4 Weitergehende Inhalte

In einer Auswahlrichtlinie können unter Beachtung des zwingenden Gesetzesrechts die Voraussetzungen für personelle Einzelmaßnahmen verbindlich festgelegt und auch Kündigungsvoraussetzungen erschwert werden (vgl. BAG vom 31.5.1983, AP Nr. 2 zu § 95 BetrVG 1972, dort wird ausgeführt, dass in Auswahlrichtlinien „Höchstanforderungen" festgelegt werden können). Nach § 1 Abs. 4 KSchG ist es möglich, nicht nur Grundsatz-, sondern auch Detailregelungen zu treffen und die Voraussetzungen für personelle Einzelmaßnahmen verbindlich festzulegen (DKK, BetrVG, § 95 Rn. 21 ff.). Auswahlrichtlinien können sämtliche personellen Einzelmaßnahmen regeln. Sie sind nicht auf betriebsbedingte Maßnahmen beschränkt (BAG vom 11.3.1976, AP Nr. 1 zu § 95 BetrVG 1972). Außerordentliche Kündigungen fallen allerdings nach der Systematik des Gesetzes grundsätzlich nicht unter die Vorschrift.

Zu den Voraussetzungen für personelle Maßnahmen gehört z. B. bei Versetzungen oder Einstellungen, dass die Stelle ausgeschrieben wird. Die Regeln dafür können in der Richtlinie beschrieben werden. Beispielsweise so:

a) In der Ausschreibung werden die aufgrund der Funktionsbeschreibungen notwendigen Anforderungen und Qualifikationen dargestellt.

b) Es wird in der Ausschreibung auch die Möglichkeit zur Weiterqualifizierung – in der neuen Tätigkeit – aufgezeigt.

c) Die Ausschreibung muss mindestens Folgendes beinhalten:
- Ort der Tätigkeit
- Bezeichnung des Arbeitsplatzes
- Tätigkeitsinhalte
- Arbeitszeit
- voraussichtlicher Beginn der Tätigkeit.

d) Die Bewerbungsfrist beträgt drei Wochen.

Weitere Beispiele finden sich unter Punkt 13. „Regelungsbeispiele".

Betriebsratspraxis:
Die Vereinbarung von Auswahlrichtlinien ist einerseits eine Hilfe für das Unternehmen für eine durchzuführende Sozialauswahl und andererseits ein Instrument zum Schutz von bestimmten Beschäftigten. Es kann festgelegt werden, welche Bedingungen erfüllt sein müssen (Nutzung von Teilzeit, Kurzarbeit etc.), damit Kündigungen zulässig sind und welche Nachweise das Unternehmen zu erbringen hat (z.B. Prüfung der wirtschaftlichen Situation). Ferner kann dafür gesorgt werden, dass ältere Beschäftigte oder Mütter und Väter stärker geschützt werden, indem das Auswahlsystem darauf abgestellt wird. Hierbei helfen die Gewerkschaften oder Sachverständige und zusätzlich der Austausch mit Kolleginnen und Kollegen, die mit solchen Systemen bereits Erfahrungen haben.

10. Betriebsänderung

Über die Durchführung einer Betriebsänderung (Interessenausgleich) und die Verhinderung oder Abmilderung von Nachteilen daraus (Sozialplan) hat der Betriebsrat mitzubestimmen. Wann eine **Betriebsänderung** zu diesen Rechten führt, hat der Gesetzgeber in § 111 BetrVG ebenfalls festgelegt. Die Vielzahl der Betriebsänderungen kann natürlich nicht erschöpfend aufgezählt werden, auch dazu muss auf die Spezialliteratur (s. Literaturhinweise) verwiesen werden.

In **§ 111 BetrVG** heißt es:

> In Unternehmen mit in der Regel mehr als zwanzig wahlberechtigten Arbeitnehmern hat der Unternehmer den Betriebsrat über geplante Betriebsänderungen, die wesentliche Nachteile für die Belegschaft oder erhebliche Teile der Belegschaft zur Folge haben können, rechtzeitig und umfassend zu unterrichten und die geplanten Betriebsänderungen mit dem Betriebsrat zu beraten. Der Betriebsrat kann in Unternehmen mit mehr als 300 Arbeitnehmern zu seiner Unterstützung einen Berater hinzuziehen; § 80 Abs. 4 gilt entsprechend; im Übrigen bleibt § 80 Abs. 3 unberührt. Als Betriebsänderungen im Sinne des Satzes 1 gelten
> 1. Einschränkung und Stilllegung des ganzen Betriebs oder von wesentlichen Betriebsteilen,
> 2. Verlegung des ganzen Betriebs oder von wesentlichen Betriebsteilen,
> 3. Zusammenschluss mit anderen Betrieben oder die Spaltung von Betrieben,
> 4. grundlegende Änderungen der Betriebsorganisation, des Betriebszwecks oder der Betriebsanlagen,
> 5. Einführung grundlegend neuer Arbeitsmethoden und Fertigungsverfahren.

Auch die Besonderheiten von **Betriebsübergängen** nach § 613a BGB und nach dem Umwandlungsgesetz sind Voraussetzung für das Handeln der Betriebsräte, aber hier nicht erörterbar [s. die dazu bekannten Kommentare und z.B.: Schiefer/Pogge, Betriebsübergang und dessen Folgen, NJW 2003, 3734 ff.; Rieble, Widerspruch nach § 613a BGB – die (ungeregelte) Rechtsfolge, NZA 2004, 1 ff.; EuGH vom 20.11.2003 – C 340/01 (Carlito Abler u.a./Sodexho MM Catering GmbH)].

Die Möglichkeiten zur **Durchsetzung der Regelungsinteressen** sind sehr unterschiedlich, je nach dem, was wann verhandelt wird. Es wird daher an dieser Stelle auf die Fachliteratur, insbesondere die Kommentare zum Betriebsverfassungsgesetz verwiesen. Nur ganz knapp skizziert ergibt sich folgende Möglichkeit (s. auch Hamm, Interessenausgleich und Sozialplan, S. 107 ff.).

In der Praxis werden regelmäßig Interessenausgleich und Sozialplan gemeinsam **verhandelt**. Der Unternehmer wird die Betriebsänderung erst durchführen, wenn der Interessenausgleich steht. Dementsprechend hat der Betriebsrat in dieser Situation eine bessere Verhandlungsbasis, als wenn die Betriebsänderung bereits durchgeführt wurde und somit Druckmittel bezüglich Verzögerungspotenzials etc. nicht mehr bestehen.

Sollten Unternehmer und Betriebsrat keine Einigung über einen Sozialplan herbeiführen können, so würde letztendlich die Einigungsstelle angerufen werden können, die dann abschließend entscheidet und einen Sozialplan durchsetzen kann. Die **Einigungsstelle** ist allerdings in ihren Entscheidungen an § 112 Abs. 5 BetrVG gebunden, wonach die Regelungsmöglichkeiten beschränkt sind.

11. Interessenausgleich

Die nach § 111 BetrVG vorgeschriebenen Beratung hat als Ziel, dass zwischen Unternehmer und Betriebsrat versucht wird, einen Interessenausgleich zu vereinbaren. Gegenstand des Interessenausgleichs sind das

- Ob,
- Wann und
- Wie

der geplanten Betriebsänderung (BAG vom 27.10.1987, vom 17.9.1991, AP Nrn. 41, 59 zu § 112 BetrVG).

11.1 Allgemeine Inhalte

Gegenüber einem Sozialplan soll der Interessenausgleich nicht entstandene wirtschaftliche Nachteile ausgleichen, sondern nach Möglichkeit deren Entstehung verhindern bzw. abmildern. Nirgendwo steht, wie dies genau abzugrenzen ist, aber das BAG hat festgestellt: All das, was Gegenstand des Interessenausgleichs ist, kann nicht Gegenstand des Sozialplans sein und umgekehrt (BAG vom 17.9.1991, AP Nr. 59 zu § 112 BetrVG 1972)

Oft finden sich im Interessenausgleich etwa Vereinbarungen über:

- die Modalitäten der Betriebsänderung einschließlich der
- Termine für Entlassungen und Freistellungen bei Betriebsstilllegungen,
- Regelungen zur Einführung von Kurzarbeit; zur (zeitweisen) Vermeidung einer geplanten Betriebsänderung,
- Vereinbarungen von Qualifikationsmaßnahmen der Arbeitnehmer zum Umgang mit neuen Produktionen oder Techniken,
- sonstige Maßnahmen der menschengerechten Arbeitsgestaltung sowie
- die Vereinbarung von Auswahlrichtlinien für Versetzungen oder Entlassungen (– besser aber als eigene Betriebsvereinbarung s. Kapitel 9; ausführlich dazu Hamm, Interessenausgleich und Sozialplan, S. 5 ff.).

Betriebsratspraxis:
Der Interessenausgleich ist eine „Kollektivvereinbarung besonderer Art" (s. 11.3). Das bedeutet, dass es sich nicht um eine Betriebsverein-

barung handelt. Die Inhalte eines Interessenausgleichs sind nicht einklagbar. Verstößt der Unternehmer gegen einen Interessenausgleich, so muss er bestenfalls eine Art Schadenersatz in begrenztem Umfang leisten (s. 11.4). Deshalb sollten alle Leistungsansprüche, die für die Beschäftigten im Streit einklagbar sein sollten, im Sozialplan oder in Auswahlrichtlinien beschrieben werden.

11.2 Namensliste

In drei Fällen sieht der Gesetzgeber die Möglichkeit der Vereinbarung eines Interessenausgleichs mit Namensliste und damit mit besonderen Rechtsfolgen vor:
a) Kommt es bei einer Verschmelzung, Spaltung oder Vermögensübertragung nach dem UmwG zugleich zu einer Betriebsänderung, insbesondere in Form der Betriebsaufspaltung gemäß § 111 Nr. 3 BetrVG, sieht § 323 Abs. 2 UmwG die Möglichkeit vor, im Interessenausgleich diejenigen Arbeitnehmer namentlich zu bezeichnen, die nach der Umwandlung einem bestimmten Betrieb oder Betriebsteil zugeordnet werden sollen. Liegt ein solcher Interessenausgleich vor, so kann die Zuordnung der Arbeitnehmer durch das Arbeitsgericht nur auf grobe Fehlerhaftigkeit überprüft werden.

b) Eine Sonderregelung für Kündigungen, die im Rahmen einer Betriebsänderung ausgesprochen werden sollen, sieht § 1 Abs. 5 KSchG in der geltenden Fassung vor.

§ 1 Abs. 5 KSchG:
„Sind bei einer Kündigung auf Grund einer Betriebsänderung nach § 111 des Betriebsverfassungsgesetzes die Arbeitnehmer, denen gekündigt werden soll, in einem Interessenausgleich zwischen Arbeitgeber und Betriebsrat namentlich bezeichnet, so wird vermutet, dass die Kündigung durch dringende betriebliche Erfordernisse im Sinne des Absatzes 2 bedingt ist. Die soziale Auswahl der Arbeitnehmer kann nur auf grobe Fehlerhaftigkeit überprüft werden. Die Sätze 1 und 2 gelten nicht, soweit sich die Sachlage nach Zustandekommen des Interessenausgleichs wesentlich geändert hat. Der Interessenausgleich nach Satz 1 ersetzt die Stellungnahme des Betriebsrates nach § 17 Abs. 3 Satz 2 KSchG."

Somit sind die Arbeitnehmer, die in einem Interessenausgleich zwischen Arbeitgeber und Betriebsrat namentlich bezeichnet sind, als „richtig" im Sinne der Sozialauswahl ausgewählt. Es wird gemäß § 1 Abs. 5 KSchG vermutet, dass die Kündigung durch dringende betriebliche Erfordernisse im Sinne des § 1 Abs. 2 KSchG erforderlich ist. Als Folge kann die soziale Auswahl der Arbeitnehmer dann nur auf grobe Fehlerhaftigkeit überprüft werden.

c) Schließlich besteht eine vergleichbare Regelung für den Interessenausgleich in der Arbeitgeberinsolvenz (dazu mehr in der Spezialliteratur).

11.3 „Kraft" des Interessenausgleichs

Der Interessenausgleich ist nach herrschender Auffassung keine Betriebsvereinbarung, sondern eine „Kollektivvereinbarung eigener Art" (DKK § 112 Rn. 15). Das bedeutet, dass der Interessenausgleich keine unmittelbare und zwingende Wirkung für die einzelnen Beschäftigten entfaltet.

Aus der Einstufung als „Vereinbarung" kann nach Meinung des BAG auch nicht der Schluss gezogen werden, dass der Betriebsrat einen einklagbaren Anspruch auf Einhaltung hat. Das Argument, Verträge seien einzuhalten, greift hier nicht, denn in § 113 Abs. 1 BetrVG hat der Gesetzgeber ausdrücklich Sanktionen für den Fall der Abweichung des Unternehmers von einem vereinbarten Interessenausgleich vorgesehen. Dies soll zur Folge haben, dass der Betriebsrat nicht auf Erfüllung des gefundenen Kompromisses bestehen kann (BAG vom 28.8.1991, NZA 1992, 41). Damit gilt für den Fall, dass der Arbeitgeber ohne zwingenden Grund abweicht, als Sanktion allein der Nachteilsausgleich nach § 113 BetrVG.

Als Ausweg bietet es sich für Betriebsrat und Arbeitgeber aber an, den Interessenausgleich ausdrücklich als Regelungsabrede oder sogar Betriebsvereinbarung zu vereinbaren, um dem Betriebsrat einen Anspruch auf dessen Einhaltung oder sogar den Arbeitnehmern eigene unabdingbare Rechte einzuräumen (Erfurter Kommentar, § 112 BetrVG Rn. 9 m.w.N.). Der Regelung in § 112 BetrVG kann kein Wille des Gesetzgebers entnommen werden, die allgemein gegebenen Regelungsmöglichkeiten der Betriebsparteien einzuschränken. Ein erzwingbares Mitbestimmungsrecht besteht insofern allerdings nicht.

11.4 Ansprüche auf Nachteilsausgleich

Wann und welchem Umfang Nachteilsausgleichsansprüche entstehen, ist in § 113 BetrVG beschrieben. Dies ist immer der Fall, wenn der Unternehmer von einem Interessenausgleich über die geplante Betriebsänderung ohne zwingenden Grund abweicht oder einen Interessenausgleich vorher gar nicht versucht hat. Eine Abweichung liegt etwa vor, wenn der Unternehmer eine Betriebsänderung, auf die er im Interessenausgleich verzichtet hat, doch durchführt. Ohne Folgen ist eine solche Abweichung nur dann zulässig, wenn hierfür ein zwingender Grund vorliegt. Zwingend können nur nachträglich entstandene oder nachträglich erkennbar gewordene Umstände sein. Es darf sich nicht um einen Grund handeln, der allein in den ursprünglichen Gründen für die Betriebsänderung liegt (BAG vom 17.9.1974, AP Nr. 1 zu § 113 BetrVG 1972).

Liegt ein Verstoß im obigen Sinne vor, können die Beschäftigten beim Arbeitsgericht Klage auf Zahlung von Abfindungen erheben, wenn sie infolge der Abweichung vom Interessenausgleich entlassen wurden oder Schadenersatzansprüche geltend machen, wenn sie Nachteile erlitten haben.

Für die Höhe des Abfindungsanspruchs gilt § 10 KSchG entsprechend. § 10 KSchG sieht nur Höchstbeträge vor (je nach Alter maximal 12 bis 18 Monatsgehälter). Innerhalb dieser Höchstbeträge entscheidet das Arbeitsgericht frei. Dabei sind insbesondere Lebensalter und Betriebszugehörigkeit, die Aussichten des Arbeitnehmers auf dem Arbeitsmarkt, aber auch der Grad der Zuwiderhandlung gegen betriebsverfassungsrechtliche Pflichten von Bedeutung (BAG vom 29.2.1972, AP Nr. 9 zu § 72 BetrVG 1952). Gegenüber Sozialplanleistungen spielt wegen des Bestrafungscharakters des § 113 BetrVG die wirtschaftliche Vertretbarkeit für das Unternehmen nur eine untergeordnete Rolle.

12. Sozialplan

Welche Aufgaben ein **Sozialplan** erfüllen soll, ist in § 112 BetrVG vom Gesetzgeber beschrieben worden. Er dient dem Ausgleich oder der Milderung wirtschaftlicher Nachteile, soll die Aussichten der betroffenen Beschäftigten auf dem Arbeitsmarkt berücksichtigen und für das Unternehmen wirtschaftlich vertretbar sein. Abfindungsregelungen allein können dies nicht bewerkstelligen.

Besonders wichtig ist die Verlängerung der Beschäftigungszeiten. Ein Grund dafür ist beispielsweise, dass das Rentenalter stufenweise heraufgesetzt wird. Künftig ist der Rentenbeginn auf 65 Jahre als Regel festgelegt und frühere Renten führen zu Abschlägen bei der Rentenhöhe. Eine Bewerbung aus einem bestehenden Arbeitsverhältnis verspricht mehr Erfolg als aus der Arbeitslosigkeit heraus. Schließlich kommt hinzu, dass die Bezugsdauer des Arbeitslosengeldes gekürzt und die Bezugshöhe beim Arbeitslosengeld II verringert wurde.

Ebenso wichtig ist also eine aktive Förderung der zu kündigenden Beschäftigten, sodass sie schnell eine neue Tätigkeit aufnehmen können. Der moderne Sozialplan soll Aktivitäten fördern, soll ein Angebot **beschäftigungsorientierter Maßnahmen** enthalten und mit abgestuften Qualifizierungs- und Transferleistungen neue Beschäftigungschancen einschließlich der Existenzgründung eröffnen. Aus der Sicht der betroffenen Beschäftigten lassen sich folgende Ziele formulieren:

Ziele bestimmen

- Möglichst schnell eine neue Tätigkeit finden
  - Wie finde ich einen neuen Arbeitgeber?
  - Wie stelle ich meine Fähigkeiten dar?
  - Wie verbessere ich meine Vermittlungschancen?
- Langes Hinauszögern der Arbeitslosigkeit
  - unter Sicherung des materiellen Standards,
  - Aufrechterhaltung der Rentenansprüche,
  - Bewerbung aus einem Arbeitsverhältnis,
  - Verlängern der Anspruchsdauer auf Arbeitslosengeld.
- Qualifizierung
  - erste Berufsausbildung,
  - neue berufliche Ausrichtung,
  - Hinzulernen neuer Fachkenntnisse im Beruf.
- Vermeidung der Anrechnung von Abfindungen
- Vermeiden von Sperrzeiten
- Zuschüsse der Agentur für Arbeit nutzen

- Zusatzversorgungsanwartschaften sichern
- Eine hohe Abfindung erhalten

Betriebsratspraxis:
Besser als jede Abfindungsregel sind Maßnahmen, die den Arbeitsplatz erhalten. Wenn aber Abfindungen und Transferleistungen vereinbart werden müssen, sind auch die Regeln des SGB III zu berücksichtigen. Es ist zu klären, welche Zuschüsse es geben kann und was im Fall der Arbeitslosigkeit für Nachteile drohen. Hinzu kommt die Beantwortung steuer- und sozialversicherungsrechtlicher Fragen. Dies kann hier nicht alles wiedergegeben werden. Dazu gibt es Spezialliteratur und die juristischen Sachverständigen, die in der Praxis hinzugezogen werden sollten.

12.1 Sozialplaninhalte

Wie in einem Sozialplan die entstehenden **wirtschaftlichen Nachteile ausgeglichen oder gemildert** werden, welche Regelungen aufgenommen werden und wer welche Ansprüche haben soll, steht im Ermessen der Vertragsparteien, also Betriebsrat und Unternehmer. Sie müssen nur die Grenzen der Gleichbehandlung und Sittenwidrigkeit beachten. Inhalte des Sozialplanes könnten sein:

- Zahlungen für eine Transfergesellschaft oder eine Transferagentur,
- Outplacementberatung,
- Abfindung für den Verlust des Arbeitsplatzes,
- Ausgleichszahlung für Verdienstminderung in Folge von Versetzung und/oder Dequalifizierung,
- Sicherung der Anwartschaften für die betriebliche Altersversorgung,
- Sicherung des Ausgleichs für andere betriebliche Sozialleistungen (z.B. Unternehmerdarlehen, Essenszuschüsse, Zulagen),
- Übernahme zusätzlicher Fahrtkosten zur Arbeit,
- Übernahme erforderlicher Kosten der Umschulung/Weiterbildung,
- Übernahme von Bewerbungskosten,
- gezahlte Freistellung zur Bewerbung,
- Regelung über Resturlaub und Urlaubsgeld,
- Regelung über den Ausgleich besonderer Härten,
- Regelung über Umzugskosten,
- Qualifizierungsangebote und -ansprüche,

Regelungsmöglichkeiten

- Zumutbarkeitsregelungen für Versetzungen,
- Altersteilzeitregelungen,
- Teilzeitregelungen u.s.w.

12.2 Was ist ein Transfersozialplan?

Übergänge erleichtern

Ein Unternehmen will, aus welchen Gründen auch immer, weniger Leute beschäftigen. Damit drohen den Betroffenen Kündigungen und möglicherweise anschließende Arbeitslosigkeit. Üblicherweise gibt es dafür als Übergangshilfe eine Abfindung. Alternativ steht dazu die Aufgabe, die Beschäftigten möglichst schnell in **neue Arbeitsplätze** zu „transferieren", was eine Transfergesellschaft leisten soll.
Im **Sozialplan** wird festgehalten,

- welche Leistungen die Beschäftigten erhalten,
- welche Transfergesellschaft beauftragt wird (ggf. im Interessenausgleich),
- welche konkreten Aufgaben diese haben soll und
- wer die entstehenden Kosten bei der Transfergesellschaft trägt.

Es wird oft so sein, dass die Beschäftigten unter dem Strich weniger Barleistungen erhalten, da ein Teil der Sozialplanmittel für die Kosten der Beschäftigungsgesellschaft verwendet wurde, wenn die gesparten Aufwendungen für die verkürzte Kündigungsfrist nicht reichen. Dies „lohnt" sich immer dann, wenn die Beschäftigten eine große Chance haben, durch die Transfergesellschaft Arbeitslosigkeit zu vermeiden. Es ist aber nicht zwingend, da das Unternehmen den Vorteil der schnellen Lösung der Arbeitsverträge, ohne Klagerisiko, auch zu bezahlen hat. Keinesfalls sollten nur die Beschäftigten allein die Kosten der Transfergesellschaft tragen.

12.3 Umsetzung sichern

Wir gehen davon aus, dass der Betriebsrat im Transfer-Sozialplan alles geregelt hat, was erreichbar war. Nun gilt es, diesen Sozialplan zum Leben zu erwecken. In dieser Phase ist der (alte) Betriebsrat aber nicht mehr zuständig!

Vertrauen ist gut, Kontrolle ist besser

Die Beschäftigten beenden ihr Arbeitsverhältnis und begründen ein neues. Eine betriebsrätliche Vertretung hätten sie nur, wenn sie einen neuen Betriebsrat wählen würden. Da die Beschäftigung in der Transfergesellschaft nur als Übergang angesehen wird, wird in der Regel dort kein Betriebsrat gewählt werden.

12.3.1 Wer überwacht die Transfergesellschaft?

Soweit eine Transfergesellschaft als eigenständige Rechtspersönlichkeit (in der Regel GmbH) gegründet wird, ist vielfach ein Betriebsratsmitglied oder ein Gewerkschaftssekretär als treuhänderischer **Gesellschafter** eingesetzt. Über diese Position soll Einfluss gewonnen werden und eine gewisse Kontrolle möglich sein.

Wer jedoch jemals eine Gesellschafterversammlung erlebt hat, weiß, dass die Einflussmöglichkeiten letztlich relativ gering sind. Die Aufgabe der **Gesellschafterversammlung** besteht in der Überprüfung der Geschäftsführung und stellt bestenfalls eine Beschreibung von Leitlinien dar. Oftmals wird die Gesellschafterversammlung auch erst Wochen und Monate nach Beginn den Transfermaßnahmen erstmals einberufen. Dann sind von der Geschäftsführung der Transfergesellschaft die entsprechenden Verträge mit Ausbildungsinstitutionen etc. bereits geschlossen, zu korrigieren gibt es nicht mehr viel. Zwar bietet dieses System insgesamt schon eine gewisse Kontrolle, jedoch ist diese in der Praxis recht schwach.

Kontrollorgane

Hinzu kommt, dass nur wenige Gewerkschaftssekretäre sich mit den Möglichkeiten, über die Gesellschafterversammlung Einfluss zunehmen auskennen und dieses **Wissen** üblicherweise bei Betriebsräten noch weniger vorhanden ist.

12.3.2 Was kann ein Treuhänder tun?

Oft wird das für die Transfergesellschaft zur Verfügung gestellte Geld von einem Treuhänder verwaltet. Dieser stellt die Mittel der Transfergesellschaft auf Abruf zur Verfügung.

Der Treuhänder hat zwei **Funktionen.** Einerseits sichert er die Verfügbarkeit der Mittel, unabhängig davon, wie es dem abgebenden Unternehmen geht. Auch im Fall einer Insolvenz des abgebenden Unternehmens wären die Mittel für die Transfergesellschaft sicher, da der Insolvenzverwalter auf die Treuhandmittel bei entsprechender Gestaltung des Sozialplanes nicht zugreifen kann.

Treuhänderaufgaben

Die zweite Funktion ist die, dass gegenüber der Transfergesellschaft dafür Sorge getragen wird, dass für den gesamten Zeitraum die Mittel gleichmäßig vorhanden sind und nicht durch Probleme in der Transfergesellschaft selbst oder bei der Mutergesellschaft die Durchführung des Transfersozialplans in Mitleidenschaft geraten kann.

Darüber hinaus kann der Treuhänder aber auch **Kontrolle** ausüben, soweit er mit dieser Aufgabe betraut wurde und durch seine Qualifikation dazu in der Lage ist. Er hat gegenüber der Transfergesellschaft die stärksten „Argumente"; er hat nämlich das Geld. Er kann die Zuteilung davon abhängig machen, dass die Verpflichtungen aus dem Sozialplan von der Beschäftigungsgesellschaft auch eingehalten werden.

12.3.3 Den richtigen Treuhänder finden!

Neutrale Person finden

Neben den Voraussetzungen für eine Treuhandschaft im Sozialplan, gilt es, einen geeigneten Treuhänder zu finden. Da im Sozialplan auch enthalten ist, dass dieser befugt ist, die Transfergesellschaft bezüglich der ordnungsgemäßen Durchführung von Qualifizierungsmaßnahmen etc. zu kontrollieren, sollte er das **Vertrauen** des Betriebsrates genießen. Er sollte wissen, was der Betriebsrat sich genau vorgestellt und mit welchen Erwartungen der Transfersozialplan abgeschlossen wurde.

Der Treuhänder sollte über eine gewisse **Distanz** zu der Transfergesellschaft verfügen. Es ist nicht sonderlich wahrscheinlich, dass ein von der Transfergesellschaft immer wieder beauftragter Treuhänder diese „Einkommensquelle" über die Maßen gefährdet und in Auseinandersetzung mit der Transfergesellschaft tritt.

Der Treuhänder sollte neben der erforderlichen Seriosität auch über betriebswirtschaftliches Fachwissen verfügen. Nur wer auch eine Bilanz, andere betriebswirtschaftliche Auswertungen und eine Gewinn- und Verlustrechnung lesen kann, kann auch ggf. korrigierend eingreifen.

12.4 Abfindungen

Ohne Abfindung geht es nicht

Vorab ist zu rekapitulieren, dass eine Abfindung keine Belohnung für die in der Vergangenheit geleisteten Dienste darstellt, sondern neben einer Entschädigungsfunktion für geleistete Arbeit vorrangig eine **Überbrückungshilfe** für die von der Entlassung betroffenen Arbeitnehmer sein soll, bis sie einen neuen Arbeitsplatz gefunden haben oder für die Zeit bis zum Bezug des gesetzlichen Altersruhegeldes. Auch die **wirtschaftlichen Nachteile** bei einem Übergang in ein neues Beschäftigungsverhältnis sind zu berücksichtigen. Dort kann das „Eingangsentgelt" niedriger sein als das bisherige Einkommen, die Aufstiegschancen könnten schlechter sein, eine Zusatzversorgung fehlen, eine erneute Kündigung in der Probezeit erfolgen oder nur eine Teilzeitbeschäftigung erreichbar sein. Daraus wird deutlich, dass die wirtschaftlichen Nachteile vielfältig und unterschiedlich hoch sind und dementsprechend unterschiedliche Sozialplanleistungen zu vereinbaren sein werden.

Die Methoden zur Ermittlung der **Abfindungshöhe** sind nirgendwo festgeschrieben. Nachfolgend werden einige **Berechnungsverfahren** vorgestellt (ausführlich: Thannheiser, AiB 2000, 460 ff.). Sicher gibt es noch weitere Möglichkeiten und viel mehr Kombinationen, als hier beschrieben werden können. Gleich welche Methode Sie auch nutzen, sollten Sie doch wissen, dass eine umfassende **„Gerechtigkeit"** nicht herstellbar ist. Dazu müssten Sie wissen, welche Nachteile die Betroffenen tatsächlich in der Zukunft erleiden werden. Trifft den 54-Jährigen eine lange Arbeitslosigkeit, so ist seine Abfindung in kurzer Zeit aufgebraucht, um den Lebensstandard zu halten oder die Raten für das Häuschen zu zahlen. Findet er aber wider Erwarten schnell eine neue Tätigkeit, so kann mit der Abfindung vielleicht eine Urlaubswohnung finanziert werden. Andererseits könnte auch der vermeintlich gut dastehende 38-Jährige abrutschen, weil er die Arbeitslosigkeit nicht verkraftet, trotz Abfindung die Finanzierung des Eigenheims nicht hinbekommt und letztlich im Alter von der Sozialhilfe abhängig sein wird.

Faire Systeme finden

12.4.1 Berechnung nach einer Formel

Die wohl überwiegende Zahl der Sozialpläne verwendet zur Berechnung der Abfindungshöhe eine Formel (vgl. Hase u.a., Handbuch Interessenausgleich und Sozialplan, S. 248 ff.). Dabei wird einerseits regelmäßig das Monatseinkommen und andererseits Lebensalter und Betriebszugehörigkeit berücksichtigt.

12.4.1.1 Standardformel

Eine sehr übliche Formel lautet:

$$\frac{\text{Alter} \times \text{Betriebsjahre} \times \text{Monatseinkommen}}{\text{Divisor}}$$

Bei dieser Formel wird in den Sozialplanverhandlungen eigentlich nur über den Divisor (Teiler) gesprochen. Er bestimmt die Abfindungshöhe. Je größer diese Zahl ist, desto kleiner wird die Abfindung.

Beispiel:
35 (Lebensjahre) x 15 (Betriebsjahre) x 2000,00 € : 80 = 13.125,00 €
35   -"-   x 15   -„-   x 2000,00 € : 20 = 52.500,00 €

12.4.1.2 Gestaffelte Abfindungsformel

Bei der Standardformel werden Unterhaltsverpflichtungen nicht berücksichtigt. Um dies zu erreichen, könnte ein **Festbetrag** zur Regelabfindung für jeden Unterhaltsberechtigten (Kinder, Ehegatten etc.) hinzukommen, so beispielsweise für jedes unterhaltsberechtigte Kind unter 18 Jahren oder in der Ausbildung 2.500,00 € extra.

Auch besondere Erschwernisse für den Arbeitsmarkt könnten berücksichtigt werden, z.B. ein **Zuschlag** für behinderte Kolleginnen und Kollegen.

12.4.1.3 Steigend und fallend

Nachteile sind unterschiedlich

Abfindungsregelungen sollten dem Umstand Rechnungen tragen, dass die Aussichten auf dem Arbeitsmarkt und die wirtschaftlichen Nachteile in Abhängigkeit von dem Lebensalter unterschiedlich sind. Ich bin ein Verfechter der so genannten **„Bauchmethode"**. Danach steigt die Abfindungshöhe und ist für die 45 bis 55 Jahre alten Betroffenen am höchsten, um dann wieder zu fallen. Der Grund ist, dass diejenigen die das 57. Lebensalter erreicht und bis dato durchgängig gearbeitet haben, 32 Monate (künftig nur noch 18 Monate – ab 1.2.2006!) Arbeitslosengeld erhalten und daher fast übergangslos in die Altersrente gehen können. Sie haben auch Nachteile, jedoch sind diese Nachteile geringer als bei jüngeren Beschäftigten, falls diese in die Dauerarbeitslosigkeit wechseln.

Wir können davon ausgehen, dass die um das 50. Lebensjahr alten Beschäftigten nur mit großen Schwierigkeiten in den Arbeitsmarkt wieder integriert werden können. Also sind die **wirtschaftlichen Nachteile** für diese Gruppe am größten. Der 56-Jährige muss noch vier Jahre bis zur Rente überbrücken, der 55-Jährige noch fünf Jahre und der 50-Jährige möglicherweise sogar zehn Jahre. Es bietet sich also an, dass Sozialplanregelungen für die 50-55-Jährigen die höchsten Abfindungen vorsehen und die Abfindungen sowohl bei den jüngeren als auch bei den älteren Beschäftigten kleiner werden. Dadurch entsteht in einer grafischen Darstellung ein „Bauch-" oder „Zwiebelverlauf".

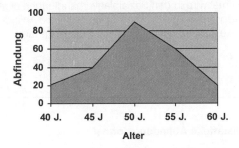

Derartig differenzierte Berechnungsformeln stellen eine Ungleichbehandlung der Beschäftigten dar. Eine **Ungleichbehandlung** ist jedoch in den Fällen berechtigt, in denen es dafür sachliche Gründe gibt. Das BAG hat in einer Entscheidung aus dem Jahr 1996 (vom 31.7.1996 – 10 AZR 45/96, NZA 1997, 722) sogar den **Ausschluss** von Abfindungen als gerechtfertigt angesehen, wenn nur geringe Nachteile drohen.

12.4.2 Berechnung mittels einer Tabelle

Der beschriebene „Bauch-Verlauf" kann auch etwas einfacher erreicht werden und erscheint dann im Ergebnis plastischer, wenn nicht Formeln benutzt werden, sondern Tabellen. In die Tabelle werden das Lebensalter und die Betriebszugehörigkeit eingefügt sowie jeweils Faktoren eingetragen, die mit dem jeweiligen Monatseinkommen multipliziert die Abfindung ergeben.

12.4.3 Berechnung mittels eines Punktesystems

Die Besonderheit dieses Verfahrens besteht darin, dass **zuerst** ein **Sozialplanvolumen** vereinbart wird und dieses dann über das Punkteverfahren auf die betroffenen Arbeitnehmer verteilt wird. Dabei ist festzulegen, welches Kriterium mit welcher Punktezahl bewertet wird (eine Bindung an die Vorgaben des KSchG gibt es nicht!). Der Gesamtbetrag für den Sozialplan wird im nächsten Schritt durch die ermittelte Gesamtpunktzahl aller Betroffenen geteilt und so der Euro-Betrag je Punktewert festgestellt.

Beispiel:

Betriebszugehörigkeit	2 Punkte je Beschäftigungsjahr
Lebensalter	2 Punkte ab dem 15 Lebensjahr
Unterhaltsberechtigte Kinder	15 Punkte je Kind
Unterhaltsberechtigte Ehegatten	30 Punkte
Schwerbehinderung	15 Punkte bei 30% – 50% MdE 30 Punkte bei mehr als 50% MdE
Arbeitsmarktaussichten	60 Punkte MA ohne Ausbildung 30 Punkte MA veraltete Ausbildung 15 Punkte MA mit 2-jähr. Ausbildung

Betroffen sollen zehn Arbeitnehmer sein. Es ergeben sich 400 Punkte für Betriebszugehörigkeit und 800 Punkte für das Lebensalter. Sonstige Punkte sind – zur Vereinfachung – nicht vorhanden. Wenn beispielsweise 100.000,00 € zur Verfügung stehen (in einer Insolvenz oft nicht mehr möglich), werden diese auf die ermittelten Punkte verteilt. Damit hat ein Punkt einen Wert von 833,00 € (100.000,00 € geteilt

> durch 1.200). Beispielsweise erhält somit Herr K. mit zehn Jahren Betriebszugehörigkeit und einem Lebensalter von 40 Jahren 100 Punkte und damit eine Abfindung von 8.333,33 €.

Derartige Punktesysteme haben den Nachteil, dass die tatsächlichen wirtschaftlichen Nachteile der Betroffenen im Punktesystem nur schwer zu erfassen sind. Dies System ist nur **scheinbar objektiv,** denn durch die Bewertung der einzelnen Aspekte mit mehr oder weniger vielen Punkten ist es ebenso subjektiv wie jedes andere System.

Je mehr gehen, desto geringer die einzelne Abfindung

Das Unternehmen hat auch keinen Anreiz, möglichst wenige Beschäftigte zu entlassen, um Abfindungen zu vermeiden, da das Gesamtvolumen feststeht. Je mehr Beschäftigte gehen, desto kleiner wird die einzelne Abfindung. Die Beschäftigten tragen allein die Folgen.

Das System bietet sich daher nur dann an, wenn das Sozialplanvolumen aus objektiven Gründen fixiert ist. Beispielsweise im Fall der **Insolvenz** (Konkurs) oder bei Betriebsänderungen zur Rettung des Unternehmens, wo nur bestimmte Beträge einsetzbar sind und der Kreis der Betroffenen genau feststeht.

12.4.4 Kombinationsverfahren

Die Betriebsparteien sind natürlich nicht gehindert, all die vorgestellten Systeme miteinander zu kombinieren und zu mischen. Es sollte allerdings darauf geachtet werden, dass die Ergebnisse für die Betroffenen nachvollziehbar und das System in sich einigermaßen gerecht bleibt.

Mixen, aber nicht ungleich behandeln

Die Kombination von verschiedenen Systemen erlaubt aber, **gewünschte Ergebnisse** ohne große „Berechnungs-Verrenkungen" zu erzielen. So könnten beispielsweise junge Beschäftigte einen Festbetrag als Abfindung erhalten, der völlig unabhängig von Alter und Einkommen ist, sondern im Wesentlichen auf die Chancen am Arbeitsmarkt abstellt. Je schlechter die individuelle Aussicht am Arbeitsmarkt erscheint, desto höher ist dieser Betrag. Dabei könnte Ausgangspunkt die jeweilige Ausbildung sein. Je besser ausgebildet die Einzelnen sind, umso niedriger kann die Abfindung ausfallen.

Auch die verschiedenen **sozialen Aspekte,** die sich in den Formeln nicht ausdrücken lassen, können mittels Einmalbeträgen Berücksichtigung finden. Wir haben schon gesagt, dass Beträge für Kinder, für Unterhaltsverpflichtungen oder für Schwerbehinderungen zu der errechneten Abfindung hinzutreten können. Diese Liste lässt sich fortsetzen: Beträge für Alleinerziehende, für nötige Umzüge, für voraussichtlich nötige Fahrtkosten in der Zukunft oder krankheitsbedingte Tätigkeitseinschränkungen und Ähnliches.

13. Regelungsbeispiele

Ganz bewusst wird auf die Darstellung von vollständigen Betriebsvereinbarungen, Musterinteressenausgleichen oder Sozialplänen verzichtet. Zum einen verführen solche Muster nur zur Übernahme und verschleiern den Blick auf die im eigenen Betrieb nötigen Regelungen und zum anderen soll nicht so getan werden, als könnte die notwendige sachverständige Beratung durch dieses Buch ersetzt werden. Wer sich kundig machen möchte, was so alles in der Praxis bereits schon abgeschlossen wurde, dem sei folgende Internetadresse empfohlen: www.soliServ.de.

13.1 Auswahlrichtlinien

Zu den bekannten Regelungen zur Bestimmung der Sozialauswahl (Punkteschema etc. – s. Kap. 9 und 13.3) kommt eine Erweiterung um beschäftigungssichernde Maßnahmen in Betracht.
Eine große Gestaltungsbreite liegt im Bereich der personellen Maßnahmen. Mit der Personalplanung wird der künftige Bedarf festgelegt. Hier sind die Rechte der vorhandenen Beschäftigten zu sichern. Dies kann unter anderem auch durch Bildungsplanung geschehen, die Qualifizierungsmöglichkeiten für die vorhandenen Beschäftigten schafft. Insbesondere gilt es dies abzusichern.

§ 1 Maßnahmen der Arbeitsplatzsicherung

Vorrangiges Ziel ist die Aufrechterhaltung der Arbeitsplätze. Um die Weiterbeschäftigung zu sichern und Kündigungen zu vermeiden, sind durch das Unternehmen folgende Maßnahmen zu nutzen:

- **Einstellungsstopp,**
  (Besetzung aller frei werdenden Stellen mit internen Beschäftigten),
- **Schaffung einer Stellenbörse** unternehmensweit – konzernweit,
- **Abbau von Überstunden/Mehrarbeit,**
- **Verzicht auf Leiharbeitnehmer,**
- **Nutzung der Möglichkeit von Kurzarbeit,**
- **Qualifizierungen und Umschulungen,**
- **unbezahlter Urlaub,**
  (Über den tariflichen Anspruch hinaus werden Regelungen geschaffen. Damit werden Arbeitsplätze auf Zeit gesichert.),
- **Bildungsurlaub,**
  (Die Beschäftigten sind anzuhalten, ihre Ansprüche auf Bildungsurlaub vollständig zu realisieren.),
- **Reduzierung der wöchentlichen Arbeitszeit auf Tarifniveau,**
- **Vereinbarung von freiwilliger Teilzeitarbeit,**

- Ausschöpfen der Flexibilisierungsmöglichkeiten der Arbeit,
- Anwendung der Beschäftigungssicherungstarifverträge,
- Vorruhestand, vorzeitige Pensionierung, Altersteilzeit,
- Einrichtung einer Transferagentur,
- Einrichtung einer Transfergesellschaft,
- Änderungskündigungen vor Beendigungskündigungen sowie
- Aufhebungsvertragsangebote – unter Berücksichtigung der gesetzlichen Vorgaben SGB III – vor Kündigungen.

§ 2 Projektbeteiligung

Die Beteiligung des Betriebsrates erfolgt durch Mitarbeit in den Projekten und durch ausführliche Information. Die Beteiligung der Beschäftigten ist sicherzustellen. Von Beginn an ist die Notwendigkeit der Qualifizierung zu berücksichtigen.

§ 3 Maßnahmen der Arbeitsplatzplanung und -organisation

Die Betriebsratsmitglieder werden so früh wie möglich über die

- Personalbedarfsplanung (Soll/Ist-Stellenplan),
- Personalentwicklungsplanung und
- Personalkostenplanung

informiert und mit allen vorhandenen Informationsunterlagen versehen. Das Unternehmen hat sich mindestens mit den Argumenten des Betriebsrates auseinander zu setzen und innerhalb von 14 Tagen qualifiziert Stellung zu nehmen. Schon jetzt wird das Recht des Betriebsrates auf sachverständige Unterstützung bei Kostentragung durch das Unternehmen anerkannt.

§ 4 Qualifizierungsregeln

Siehe dazu Sonderpunkt 13.2 unten.

§ 5 Materielle Absicherung

1. Das Unternehmen verpflichtet sich, die für die Qualifizierungsmaßnahmen personellen, materiellen und finanziellen Voraussetzungen zu gewährleisten.
2. Der individuelle Besitzstand bleibt gewahrt, das heißt, Arbeitsqualität und Entlohnung werden nicht abgesenkt. Die Schulung erfolgt in der Arbeitszeit. Ist dies nicht möglich, erfolgt Ausgleich von Nachteilen bei externer Unterrichtung durch Freizeit.
3. Der Abbruch der Bildungsmaßnahme seitens des Unternehmens darf nur bei Vorliegen schwer wiegender Gründe, mit Zustimmung des Bildungsausschusses erfolgen.

§ 6 Sonstige Regelungen

1. Wird den Beschäftigten ein anderer **zumutbarer** Arbeitsplatz angeboten oder von den Beschäftigten im Interesse des Unternehmens gewünscht, der eine Qualifizierung erfordert, so haben sie Anspruch auf die hierfür erforderlichen Maßnahmen. Die Qualifizierungsschritte und der spätere Einsatz sind in einem Änderungsvertrag schriftlich zu fixieren.
2. Auf Rückzahlungsklauseln wird verzichtet.
3. Härtefälle werden unter Einbeziehung des Betriebsrates großzügig und einvernehmlich geregelt.

§ 7 Schlussbestimmungen

1. Verhandlungsgebot bei weiterem Regelungsbedarf
2. Günstigkeitsklausel
3. Dauer, Kündigungsmöglichkeit
4. Ergänzungen und Veränderungen – Schriftform
5. Im Streitfall entscheidet die Einigungsstelle abschließend

13.2 Stichpunkte für Qualifizierungsleistungen in Auswahlrichtlinien

§ 1 Sicherung der beruflichen Qualifizierung

1. Der ständigen Entwicklung und Veränderung der Arbeitsaufgaben wird durch eine entsprechende Qualifizierung Rechnung getragen. Es ist bzw. sind

- die berufsfachliche Kompetenz der Beschäftigten zu aktualisieren und zu erweitern,
- der technische Fortschritt beruflich zu nutzen,
- individuellen Weiterbildungswünschen zu entsprechen,
- Frauen zu fördern und
- die weibliche und familiengerechte Lebensplanung zu berücksichtigen.

2. Die Arbeit ist so zu gestalten, dass für die Beschäftigten

- keine gesundheitlichen Beeinträchtigungen auftreten,
- der Verantwortungs- und Entscheidungsspielraum ausgebaut wird,
- kooperatives Arbeiten ermöglicht wird,
- die Möglichkeit zu sozialen Kontakten erhalten bleibt,
- die Arbeitsaufgaben möglichst ganzheitlich sind,

- schematische und eintönige Arbeitsabläufe vermieden werden,
- die Bedienung der Arbeitsmittel erleichtert wird,
- die Qualifizierung für neue Aufgaben ermöglicht wird und
- Überlastung und Überforderung vermieden werden.

§ 2 Allgemeine Qualifizierungsinhalte

1. Die Inhalte der angebotenen Qualifizierungsmaßnahmen müssen auf die unter § 3 Abs. 1 dargestellten Grundsätze ausgerichtet sein. (Evtl. Regelungen zu einer Qualifizierungsgesellschaft aufnehmen.)
2. Diese Ziele können nicht durch punktuelle Schulung erreicht werden, sondern erfordern

   - einen unmittelbaren Bezug zwischen Theorie und Praxis,
   - Benutzerunterstützung und ergänzende Seminare/Arbeitskreise,
   - ausreichende Einarbeitungszeit,
   - angemessene Möglichkeit zur Nachschulung,
   - eine kontinuierliche Auswertung der Schulungen,
   - Teilnehmer- und Aufgabenorientiertheit,
   - Orientierung der Aufgabenstellung an der Arbeitsplatzsituation sowie
   - Schulungsmaterialien, die die Schulungsinhalte 1:1 abbilden.

3. Es wird ein Fortbildungszertifikat erteilt.
4. Der Betriebsrat hat das Recht, an den Veranstaltungen teilzunehmen.
   Arbeitsausfall und Personalersatz sind organisatorisch einzuplanen.
   Lernfördernde Schulungsräume sind zur Verfügung zu stellen.

§ 3 Bildungsausschuss

Es wird ein Bildungsausschuss gebildet.
Er hat folgende Aufgaben und Befugnisse:

- Feststellen des Schulungsbedarfs sowohl von Unternehmensseite her als auch von Beschäftigtenseite her gesehen,
- Beschluss über die erforderlichen Maßnahmen und die Maßnahmendauer,
- Beschluss über den Maßnahmenträger und die Durchführung (intern oder extern etc.),
- Bewilligung der Maßnahme für die Personen und Auswahl der Beschäftigten,
- Informationsrecht über sonstige Schulungen.

Bei Nichteinigung entscheidet die Einigungsstelle verbindlich.

13.3 Auswahlrichtlinie und Punkteschema

§ 1 Vergleichbare Beschäftigte

Bildung vergleichbarer Gruppen von Beschäftigten über den gesamten Betrieb. Kriterien sind beispielsweise:

- Qualifikation,
- Tätigkeiten,
- Stellung in der betrieblichen Hierarchie sowie
- Eingruppierung/Bezahlung.

Die Sozialauswahl erfolgt getrennt nach den unterschiedlichen Berufsbildern, jeweils

- innerhalb der Mitarbeitergruppe XX,
- innerhalb der Mitarbeitergruppe YY,
- innerhalb der jeweiligen Funktionsgruppen der Mitarbeiter ZZ, AA und BB, die jeweils getrennt betrachtet werden.

§ 2 Punkteschema

Innerhalb dieser Mitarbeitergruppen erfolgt die Gewichtung der Sozialkriterien zur Vorbereitung einer abschließenden Prüfung im Einzelfall nach folgendem Punkteschema:

- Für jedes vollendete Lebensjahr ab dem vollendeten 20. Lebensjahr erhält der Mitarbeiter 1 Punkt, maximal jedoch 30 Punkte.
- Für jedes vollendete Dienstjahr erhält der Mitarbeiter 1 Punkt, maximal jedoch 30 Punkte.
- Für jedes unterhaltspflichtige Kind erhält der Mitarbeiter 6 Punkte, wobei ein auf der Steuerkarte mit 0,5 eingetragenes unterhaltspflichtiges Kind mit vollen 6 Punkten zu berücksichtigen ist.
  – Verheiratete Mitarbeiter erhalten weitere 6 Punkte,
  – ebenso Beschäftigte mit anderen Unterhaltspflichten.
  – Schwerbehinderte Beschäftigte mit einem anerkannten GdB von mindestens 30 % erhalten weitere 5 Punkte je 10 % GdB.

§ 3 Ausnahmen aus der Sozialauswahl

Nicht in die Sozialauswahl einbezogen werden gemäß § 1 Abs. 3 S. 2 Kündigungsschutzgesetz Mitarbeiter, deren Weiterbeschäftigung aufgrund ihrer Kenntnisse, Fähigkeiten und Leistungen oder zur Sicherung einer ausgewogenen Personalstruktur des Betriebes im berechtigten betrieblichen Interesse liegt. Unbeschadet der erforderlichen Einzelfallprüfung werden folgende Gesichtspunkte in die Prüfung der berechtigten Interessen einbezogen:

- Besondere Kenntnisse und Fähigkeiten in den jeweiligen Bereichen,
- weit überdurchschnittlicher Erfolg und überdurchschnittliche Produktivität, so dass ein Bestehen der Abteilung (Gruppe o.Ä.) von dieser Person abhängig ist,
- u.s.w.

§ 4 Sicherung einer vorhandenen Altersstruktur

Mögliche Ergänzung: Die soziale Auswahl erfolgt auch in der Weise, dass die Gesamtzahl der zu kündigenden Beschäftigten bezogen auf den jeweiligen Betrieb sich im gleichen Verhältnis auf die Altersgruppen verteilt, wie sich die Anzahl aller Beschäftigten der jeweiligen Altersgruppe zur Summe aller Beschäftigten des Betriebes verhält.

§ 5 Freie Stellen

Den betroffenen Beschäftigten sind vor einer Kündigung vergleichbare freie Stellen anzubieten. Bewerben sich mehrere betroffene Mitarbeiter auf die gleiche Stelle, erfolgt die Besetzung unter dem Gesichtspunkt der sozialen Auswahl und der fachlichen und persönlichen Eignung. Liegen bei mehreren Mitarbeitern die gleichen Voraussetzungen vor, wird den Mitarbeitern der Vorrang eingeräumt,

- die ihren ständigen Wohnsitz in der Region haben,
- der innerhalb der letzten fünf Jahre aufgrund eines vorherigen betriebsbedingten Dienstortwechsels bereits von einem erhöhten Fahrtzeitaufwand betroffen war,
- u.s.w.

13.4 Stellenausschreibung

Je nach Maßnahme wird auch das Verfahren zu beschreiben sein. Also: Ausschreibungen erst immer betrieblich, dann im Konzern etc. und über eine Stellenbörse, Intranet oder Ähnliches. Inhalte sind:

§ 1 Kriterien für Ausschreibungsinhalte

a) In der Ausschreibung werden erforderliche Qualifizierungs- und Ausbildungsvoraussetzungen auf das wirklich Notwendige beschränkt und nicht übertrieben dargestellt.

b) Es wird in der Ausschreibung auch die Möglichkeit zur Weiterqualifizierung aufgezeigt.

c) Die Ausschreibung muss mindestens Folgendes beinhalten:
- Ort der Tätigkeit,
- Bezeichnung des Arbeitsplatzes,

- Tätigkeitsinhalte,
- Arbeitszeit (Dauer und Lage), sofern von der allgemeine üblichen Arbeitszeit abweichend, sowie den
- voraussichtlichen Beginn der Tätigkeit.

§ 2 Bewerbungsfrist
Die Bewerbungsfrist beträgt drei Wochen.

§ 3 Auswahlverfahren
Für die Auswahl gilt die Richtlinie zur Personalauswahl.

13.5 Zumutbarkeitsregeln

1. **Funktionelle Zumutbarkeit.**
Diese ist gegeben, wenn die neue Tätigkeit der bisherigen beruflichen Tätigkeit oder der abgeschlossenen Ausbildung und den beruflichen Kenntnissen und Fähigkeiten des Beschäftigten entspricht oder dieser die erforderliche Qualifikation durch eine von dem Unternehmen angebotene sachgerechte und zumutbare Qualifizierungsmaßnahme zu erwerben in der Lage ist. Ferner müssen vergleichbare berufliche Zukunftschancen vorhanden und der Arbeitsplatz muss auf derselben Hierarchiestufe angesiedelt sein.

2. **Gesundheitliche Zumutbarkeit:**
Eine andere Arbeit ist zumutbar, wenn der Beschäftigte für die Arbeit gesundheitlich geeignet ist und die Arbeitsumgebungseinflüsse zu keinen das bisherige Maß übersteigenden Belästigungen oder Beeinträchtigungen der Beschäftigten führen.

3. **Materielle Zumutbarkeit:**
Diese ist gegeben, wenn der Beschäftigte sein bisheriges Tarifentgelt/Entgelt einschließlich aller tariflichen und außertariflichen Zulagen und Leistungen bei gleicher Arbeitszeit und gleichem Arbeitsumfang auch bei Versetzung auf einen anderen Arbeitsplatz der Höhe und Struktur nach erhält. Eine Versetzung, die mit einer Abgruppierung verbunden ist, ist unzumutbar.

4. **Zumutbarkeit der Arbeitszeit:**
Wenn Lage und Dauer der Arbeitszeit des neuen Arbeitsplatzes der des bisherigen entsprechen, ist die zeitliche Zumutbarkeit gegeben. Die Verpflichtung zu Teilzeitarbeit ist unzumutbar; ebenso das Angebot eines Schichtarbeitsplatzes an einen bisher nicht im Schichtbetrieb Beschäftigten. Nachtschicht ist unzumutbar, soweit diese bisher nicht geleistet wurde.

5. **Zumutbarkeit der Fahrtzeiten:**
   Diese ist gegeben, wenn der Beschäftigte den neuen Arbeitsplatz mit einem zeitlichen Aufwand bis zu insgesamt 1,5 Stunden täglicher An- und Abfahrtzeit vom Wohnort erreichen kann. Bei einer täglichen Arbeitszeit unter sechs Stunden ist eine Pendelzeit bis zu insgesamt 60 Minuten zumutbar. Es wird die Benutzung öffentlicher Verkehrsmittel nach den konkreten Fahrplänen bei der Berechnung des Zeitaufwandes zu Grunde gelegt (einschließlich Anschlusswartezeiten).
   Bei Verlängerungen der bisherigen Fahrtzeiten besteht der Anspruch, jedoch nicht die Pflicht, den Wohnort zu wechseln und die Kosten nach gesonderter Vereinbarung erstattet zu erhalten.

6. **Soziale Zumutbarkeit:**
   Die Versetzung darf nicht zu einer sozialen Härte im Bereich der persönlichen und familiären Belange der Beschäftigten führen. Eine soziale Härte wird **unwiderlegbar** angenommen, wenn die Versetzung die jetzige oder künftige Betreuung und Versorgung von Kindern (insbesondere wegen fehlender Kindergartenplätze, Kindertagesstätten, adäquater Schulen), die Versorgung pflegebedürftiger Familienangehöriger erschwert oder eine gewünschte Arbeitsmöglichkeit für den Ehepartner fehlt, auf Grund einer vorliegenden gesundheitlichen Beeinträchtigung den Beschäftigten besonders belastet oder bei Alleinlebenden die ganztägigen Betreuung von im Haushalt lebenden Kindern nicht gewährleistet ist.

7. **Zumutbarkeit des Unternehmenswechsels:**
   Kann eine Beschäftigung nur in einem anderen Unternehmen des Konzerns angeboten werden, so ist die Zumutbarkeit nur gegeben, wenn das Beschäftigungsverhältnis unter Fortgeltung dieser Vereinbarung, der Vereinbarung zur Altersversorgung und des Sozialplanes als individuelle Normen des abzuschließenden Arbeitsvertrages weitergelten.

8. Für den Fall der Nichteinigung wird eine betriebsinterne paritätisch besetzte Kommission (Betriebsrat und Arbeitgeber) vorgesehen. Findet diese keine Lösung entscheidet eine in Anwendung des § 76 BetrVG zu bildende Einigungsstelle abschließend.

13.6 Struktur eines Transfer-Sozialplanes

Der Schwerpunkt in einem Transfer-Sozialplan liegt auf der Verwirklichung des Transfers der Beschäftigten aus der alten Beschäftigung in eine neue Tätigkeit.
Da die Vermittlungschancen der einzelnen Beschäftigten sehr unterschiedlich zu beurteilen sind, können in einem Sozialplan unterschiedliche Leistungen für zu unterscheidende Gruppen vorgesehen werden.

13.6.1 Transfergesellschaft

Wie eine Transfergesellschaft aufgebaut ist, haben wir oben bereits gesehen, nun kann inhaltlich in unterschiedlicher Art und Weise differenziert werden:

1. Jüngere, qualifizierte Beschäftigte bis zu einem Lebensalter von 35 Jahren
Von dieser Gruppe wird erwartet, dass sie am schnellsten eine neue Tätigkeit finden wird.

Die Betroffenen können für bis zu zwölf Monate in Transferkurzarbeit gehen. Soweit eine seperate Transfergesellschaft eingebunden wurde, wird für diesen Zeitraum ein befristetes Arbeitsverhältnis abgeschlossen. In unternehmenseigenen beE wird das Arbeitsverhältnis zum Ende der Transferkurzarbeit gekündigt. Ein vorzeitiges Ausscheiden ist jederzeit möglich.

Die Mitarbeiter erhalten einen monatlichen Zuschuss zum Transferkurzarbeitergeld (netto 60/67 % plus X %) nach einer vorhandenen oder abzuschließenden Betriebsvereinbarung „Kurzarbeit". Während der Kurzarbeit erhalten die Mitarbeiter auf Wunsch ein einwöchiges Bewerbungstraining in der Gruppe und individuelle Beratung für Bewerbungen.

Bei ihrem Ausscheiden aus dem Unternehmen erhalten die Beschäftigten ggf. eine Abfindung in Höhe von XXX Euro.

2. Leichter vermittelbare Beschäftigte
Es wird eine Gruppe von Beschäftigten gebildet, die voraussichtlich relativ leicht vermittelbar sein wird. Dazu gehören beispielsweise Beschäftigte, deren Wissen nur aktualisiert werden muss, um andere Arbeitsplätze besetzen zu können. Oder Beschäftigte, die wenig qualifiziert, aber noch jung an Jahren sind u.s.w.

Diese können für bis zu zwölf Monate Transferkurzarbeit „Null" als Angebot in Anspruch nehmen und erhalten einen Zuschuss zum Kurzarbeitergeld. Soweit eine seperate Transfergesellschaft eingebunden wurde, wird für diesen Zeitraum ein befristetes Arbeitsverhältnis abgeschlossen. In unternehmenseigenen beE wird das Arbeitsverhältnis zum Ende der Transferkurzarbeit gekündigt. Ein vorzeitiges Ausscheiden ist jederzeit möglich, ebenso ein Übergang in eine Transfergesellschaft.

Während dieser Zeit der Kurzarbeit werden die Kolleginnen und Kollegen qualifiziert. Dies kann in der alten Firma geschehen, wenn dafür eine eigenständige betriebsorganisatorische Einheit gebildet wird.

Dann werden sie weiter als Beschäftigte des Unternehmens geführt und auch die Abrechnung einschließlich des Transferkurzarbeitergeldes erfolgt in der Firma. Die Qualifizierungsmaßnahmen können außerhalb des Unternehmens stattfinden und vom Unternehmen ist nur das Coaching der eigenen Beschäftigten zu organisieren, also die Frage der Art der Qualifizierung und das Finden einer Einrichtung in der eine Qualifizierung erfolgen kann. Statt einer betriebsinternen Organisation kommen jedoch auch professionelle Berater hierfür in Frage.

Bei ihrem Ausscheiden aus dem Unternehmen erhalten die Beschäftigten ggf. noch eine Abfindung in Höhe von XXX Euro. Diese kann auch in der Höhe je nach Ausscheidenszeitpunkt differieren.

3. Schwer vermittelbare Beschäftigte

Auch für diesen Beschäftigtenkreis ist eine abstrakte oder konkrete Gruppe zu ermitteln. Sie erhalten den Anspruch auf Transferkurzarbeit ebenfalls für zwölf Monate. Soweit eine seperate Transfergesellschaft eingebunden wurde, wird für diesen Zeitraum ein befristetes Arbeitsverhältnis abgeschlossen. In unternehmenseigenen beE wird das Arbeitsverhältnis zum Ende der Transferkurzarbeit gekündigt. Während dieser Zeit wird ein Zuschuss zum Kurzarbeitergeld nach der Betriebsvereinbarung gezahlt und wie bei den leichter vermittelbaren Betroffenen eine Qualifizierung durchgeführt.

Bei ihrem Ausscheiden aus dem Unternehmen erhalten die Beschäftigten ggf. eine Abfindung in Höhe von XXX Euro.

4. Rentennahe Beschäftigte

Zu dieser Gruppe gehören alle Beschäftigten, die mit der Verbindung von Kurzarbeit und Arbeitslosigkeit das Rentenalter erreichen können. Diese Betroffenen können in die Beschäftigungsgesellschaft wechseln und zwar dort in das Programm für ältere Beschäftigte. Die zur Verfügung stehenden Instrumente (Altersteilzeit, Kurzarbeit etc.) werden geprüft und bis zur Erreichung des 60./63. Lebensjahres oder dem Ausscheiden in die Arbeitslosigkeit eingesetzt.

5. Kontrolle
Bei Maßnahmen innerhalb des Betriebes:
Es wird vereinbart, nach einem Jahr zusammen mit dem Betriebsrat Bilanz zu ziehen über den Erfolg der bisher durchgeführten Qualifizierungsmaßnahmen und neue erforderliche Maßnahmen für die im Betrieb verbliebenen und noch in Kurzarbeit befindlichen Mitarbeiter zu vereinbaren.

Bei Einbindung einer Transfergesellschaft:
Es wird ein Treuhänder mit der Mittelverwaltung und Kontrolle der Qualifizierungsmaßnahmen beauftragt. Dieser hat Kontakt zu den „alten"

Betriebsräten zu halten und zum abgebenden Unternehmen. Er soll ggf. korrigierend eingreifen, wenn die Transfergesellschaft ihre Aufgaben nicht optimal erfüllt.

13.6.2 Transferagentur

Es kann auch sein, dass ein Übergang in eine Transfergesellschaft nicht nötig oder sinnvoll ist und lediglich eine Begleitung im bisherigen Unternehmen während der Kündigungsfrist durch eine Transferagentur erfolgt. Die Beschäftigten erhalten dabei die Möglichkeit, am speziellen Workshop-Programm während der Arbeitszeit teilzunehmen. In diesem „Coaching-Programm" werden die Betroffenen betreut und begleitet.

Das Programm umfasst beispielsweise:

- Potenzialanalyse und Berufswegplanung,
- Bewerbungstraining,
- Herausarbeiten persönlicher Stärken und Schwächen,
- Klärung neuer Anforderungen (Mobilität, Einkommenshöhe, Arbeitsbedingungen etc.),
- Bearbeitung von persönlichen psychischen Problemen hinsichtlich des Ausscheidens
- Hilfe bei der Verarbeitung des Arbeitsplatzverlustes sowie das
- Aufzeigen persönlicher Lebensperspektiven (Beruf, Familie, Alternativen zur Erwerbsarbeit etc.)

Das Unternehmen beteiligt sich an den Kosten des Programms mit € 2.500 je teilnehmenden Beschäftigten. Damit wird erreicht, dass eine Förderung durch die Bundesagentur für Arbeit (Stand Juni 2004) in gleicher Höhe erzielt werden kann.

Achtung:
Grundsätzlich erscheinen professionelle externe Transferagenturen geeigneter als die „PSA" der Bundesagentur für Arbeit. Dies sind jedenfalls die Erfahrungen des Autors. In jedem Fall ist vor Ort mit der/dem Gewerkschaftssekretär/in diese Frage zu besprechen.

13.7 Stichpunkte zur Altersteilzeit

Nachfolgend werden nur allgemeine Punkte für eine Betriebsvereinbarung zur Altersteilzeit genannt. Die speziellen Aspekte der sehr unterschiedlichen **tarifvertraglichen** Regeln wurden **nicht** berücksichtigt, sind aber in der Praxis unbedingt mit einzubeziehen.

§ 1 Geltungsbereich

Diese Vereinbarung gilt für den Betrieb ... oder das Unternehmen ... und die dort beschäftigten Angestellten und Arbeiter, soweit sie nicht mit Verträgen beschäftigt werden, die über den Rahmen des Tarifvertrages hinausgehen.

§ 2 Anspruchsvoraussetzungen

1. Angestellte und Arbeiter, die das 55. Lebensjahr vollendet haben und dem Unternehmen mindestens fünf Jahre angehören, haben für einen Zeitraum von bis zu zehn Jahren vor dem erstmals möglichen Bezug einer ungeminderten Altersrente der gesetzlichen Rentenversicherung Anspruch auf Leistungen nach dieser Vereinbarung. Ihr Arbeitsverhältnis ist auf Antrag mittels einer schriftlichen Vereinbarung mit dem Arbeitgeber in ein Altersteilzeitarbeitsverhältnis umzuwandeln.

2. Weitere Voraussetzung ist, dass die/der Beschäftigte vor Beginn der Altersteilzeit in den letzten fünf Jahren mindestens 1080 Kalendertage eine Vollzeitbeschäftigung im Sinne von § 2 Abs. 1 Nr. 3 ATZG ausgeübt hat.

3. Das Unternehmen kann in begründeten Ausnahmefällen den Beginn der Altersteilzeit bis zu zwei Jahre verschieben, wenn der Beschäftigte für die Unternehmen weiterhin dringend Vollzeit tätig sein muss. Der Betriebsrat muss dieser Ausnahme zugestimmt haben.

§ 3 Beginn und Ende der Altersteilzeit

1. Das Altersteilzeitarbeitsverhältnis darf die Dauer von 24 Monaten nicht unter- und von 120 Kalendermonaten nicht überschreiten.

2. Ein Altersteilzeitverhältnis endet mit Ablauf des Kalendermonats vor dem Kalendermonat, in dem der Beschäftigte frühestmöglich eine unverminderte Rente wegen Alters, eine Arbeitsunfähigkeits- oder Erwerbsunfähigkeitsrente beanspruchen kann. Das Arbeitsverhältnis endet spätestens mit dem Ablauf des Kalendermonats, in dem der Beschäftigte das 65. Lebensjahr vollendet hat.

3. Die während der Gesamtdauer des Altersteilzeitarbeitsverhältnisses geschuldete Arbeitszeit muss durchschnittlich die Hälfte der tariflichen regelmäßigen wöchentlichen Arbeitszeit betragen. Eine Blockbildung ist möglich, soweit dies im Tarifvertrag zur Altersteilzeit vorgesehen wurde.

4. Endet ein Altersteilzeitverhältnis mit einer ungleichmäßigen Verteilung der Arbeitszeit über einen Zeitraum von bis zu fünf Jahren vorzeitig, hat der Beschäftigte einen Anspruch auf eine etwaige Differenz zwischen der erhaltenen Vergütung und dem Entgelt für den Zeitraum der tatsächlichen Beschäftigung, das er ohne Altersteilzeit

erhalten hätte. Beim Tod des Beschäftigten steht der vorgenannte Anspruch seinen Erben zu.

5. Die Ansprüche der Beschäftigten werden für den Fall eines Konkurses wie folgt ... abgesichert.

§ 4 Individuelle Pflichten

1. Der Beschäftigte hat mindestens drei Monate vor dem gewünschten Beginn der Altersteilzeit schriftlich einen entsprechenden Antrag zu stellen.
2. Der Beschäftigte hat zum frühestmöglichen Zeitpunkt einen Antrag auf ungeminderte Altersrente einzureichen. Er hat das Unternehmen unverzüglich über beantragte Rentenleistungen (auch Berufs- oder Erwerbsunfähigkeitsrente) zu unterrichten.

§ 5 Pflichten des Unternehmens

1. Das Unternehmen hat Anträgen auf Abschluss von Altersteilzeit nach dem unter § 2 genannten Bedingungen zum vom Beschäftigten gewünschten Beginn zu entsprechen.
2. Das Unternehmen hat den Beschäftigten, die für eine Altersteilzeitvereinbarung zeitnah in Betracht kommen, auf Verlangen eine Berechnung der sich für sie zu Beginn der Altersteilzeit voraussichtlich ergebenden Vergütungs- und Aufstockungsbeträge zur Verfügung zu stellen.

§ 6 Vergütung

1. Die Beschäftigten erhalten ein entsprechend der Teilzeitvereinbarung angepasstes Monatsgehalt. Dazu erhalten sie einen Zuschuss von 50% des ursprünglichen Nettoarbeitsentgeltes (= Umwandlung von sonst fälligen Abfindungszahlungen), der nach den gesetzlichen Bestimmungen steuer- und sozialabgabenfrei ist. Der zu Grunde gelegte Gesamtbetrag der Einkünfte enthält auch Zuschläge, Zulagen und Einmalzahlungen.
2. Im Falle krankheitsbedingter Arbeitsunfähigkeit wird die Entgeltfortzahlung in Höhe der Gesamteinkünfte vorgenommen.
3. Für die Zeit des Bezugs von Krankengeld, Versorgungskrankengeld, Verletztengeld oder Übergangsgeld nach Ablauf der Entgeltfortzahlung gewährt das Unternehmen weiterhin die Aufstockungszahlungen, soweit der Beschäftigte nicht Zahlungen gemäß § 10 Abs. 2 ATZG erhält.

§ 7 Beiträge zur Rentenversicherung

Das Unternehmen entrichtet neben den auf das Teilzeitmonatsentgelt entfallenden Arbeitgeberanteilen zur Sozialversicherung einen zusätzlichen Beitrag zur gesetzlichen Rentenversicherung in Höhe des Unterschiedsbetrages zwischen dem auf 100% des Vollzeitarbeitsentgeltes und dem auf das Arbeitsentgelt für die Altersteilzeitarbeit entfallenden Betrages, begrenzt bis zur Beitragsbemessungsgrenze.

§ 8 Beschäftigungsverbot

Die Beschäftigten dürfen neben der Altersteilzeit keine Beschäftigung oder selbstständige Tätigkeit ausüben, die die Geringfügigkeitsgrenze des § 8 SGB IV überschreiten würde.

§ 9 Betriebsrat

Der Betriebsrat ist über Anträge auf Abschluss von Altersteilzeitvereinbarungen, und zwar vor deren Abschluss, zu unterrichten.

§ 10 Abschlussbestimmungen

1. Sollten sich Sachverhalte ergeben, welche in dieser Betriebsvereinbarung nicht geregelt worden sind und einer Regelung bedürfen, ist hierüber zwischen den vertragschließenden Parteien zu verhandeln. Ergänzungen oder Änderungen werden schriftlich niedergelegt und sind von den Parteien zu unterzeichnen.

2. Günstigere Regelungen durch Einzelvereinbarungen, Tarifvertrag einschließlich Rationalisierungsschutzabkommen oder Gesetz werden durch diese Vereinbarung nicht berührt.

3. Die Parteien sind sich darüber einig, dass tarifliche Ausschlussfristen und Verfallsklauseln auf die Ansprüche aus dieser Vereinbarung keine Anwendung finden. Sollte dies doch der Fall sein, verzichten sie wechselseitig auf die Geltendmachung und nehmen diesen Verzicht hiermit auch an.

4. Diese Vereinbarung tritt mit Unterzeichnung in Kraft. Die beschriebenen Ansprüche können rückwirkend ab dem ... geltend gemacht werden. Diese Vereinbarung ist erstmals mit einer Frist von sechs Monaten zum Ende des Kalenderjahres ... kündbar.

5. Bei der Anwendung, Auslegung und allen Streitigkeiten über Ansprüche aus dieser Vereinbarung auftretende Meinungsverschiedenheiten zwischen den Parteien werden mit dem ernsten Willen zu einer einvernehmlichen Lösung beraten. Kommt eine Lösung nicht zu Stande, dann entscheidet eine Einigungsstelle abschließend.
Die Einigungsstelle wird in ... errichtet und Vorsitzender wird Herr ...

13.8 Widerspruchsschreiben bei Kündigungen

VON: Betriebsrat ...

AN: Betrieb ... – Personalreferat/Leiter

Ordentliche Kündigung der Angestellten Regine Mohn

Sehr geehrte Damen und Herren,

der Betriebsrat des Betriebes ... widerspricht durch Beschluss vom ... der Kündigung der Angestellten Frau Regine Mohn und erhebt folgende Einwendungen:

1. Frau Mohn soll gekündigt werden, weil sich durch die Strukturänderung ... die Zahl der erforderlichen Beschäftigten in der Abteilung ..., in dem Betrieb ..., weiter verringert habe. Es ist jedoch für den Betriebsrat nicht erkennbar, dass die Schutzvorschriften des Tarifvertrages über den Rationalisierungsschutz für Angestellte einbezogen wurden.
   – weitere tatsächliche Ausführungen –

   Es ist auch nicht erkennbar, dass eine Sozialauswahl mit allen vergleichbaren Beschäftigten in dem Betrieb stattgefunden hat.
   – Beispiele benennen –

2. Insbesondere haben Sie nicht in Betracht gezogen, Frau Mohn mittels einer kurzfristigen Umschulungsmaßnahme, zu der sie bereit ist, weiter zu beschäftigen. Die freien Stellen in der Abteilung ... (möglichst konkret benennen) wären mit dieser Umschulungsmaßnahme für Frau Mohn erreichbar.

3. Frau Mohn ist auch bereit, im einem anderen Betrieb zu arbeiten. Auch dies haben Sie nicht überprüft. Dem Betriebsrat ist bekannt, dass in dem Betrieb ... zwei Arbeitsplätze im Bereich der Datenverarbeitung frei sind.
   – ggf. weiter ausführen –

4. Dem Betriebsrat ist bekannt, dass in der Abteilung ... unseres Betriebes vergleichbare Beschäftigte tätig sind, die weit weniger Unterhaltspflichten haben und noch nicht so lange im Unternehmen beschäftigt sind wie Frau Mohn. Eine Würdigung des Unternehmens dazu fand nicht statt.

Mit freundlichem Gruß
Vorsitzende/r

14. Hilfen, Ansprechpartner, Anlaufstellen

Berater-Pool
Der DGB hat für Betriebs-/ und Personalräte eine Datenbank mit den Daten und Adressen von Beratern, Sachverständigen und anderen Spezialisten erstellt.

> www.dgb.de/dgb_direkt/

Alterteilzeit
Beim Bundesministerium für Arbeit gibt es eine Datenbank zur Berechnung der Altersteilzeit. Was kostet es den Unternehmer und was bleibt netto für die Beschäftigten übrig?

> www.bma.de/datenbanken

Förderungsmöglichkeiten des Agentur für Arbeit
Bei der Bundesagentur für Arbeit gibt es diverse Broschüren und Hintergrundinformationen:

> www.arbeitsagentur.de
> Bundesagentur für Arbeit
> Postfach
> Nürnberg

Tarifverträge
Tarifinfos im Internet:

> www.tarifvertrag.de

Beispiele für Betriebsvereinbarungen, Sozialpläne etc.

> www.soliserv.de

Links zu Rechtsfragen
Über 6000 kostenlose „Rechts-Links" bietet der Marktplatz Recht der Hans-Soldan GmbH:

> www.Marktplatz-Recht.de

Suchmaschine
Eine für Personal- und Betriebsräte interessante Suchmaschine:

www.betriebsrat.com

Gesetzestexte
Eine der umfangreichsten Hinweissammlungen im Internet zu Gesetzen bietet „Gesetze im www.". Dabei lässt auch die Aktualität kaum etwas zu wünschen übrig:

www.rechtliches.de

Stichwortverzeichnis

Bezeichnung	Seite
Altersteilzeit	53
– Aufstockung	55
– Blockmodell	57
– Förderung durch die Agentur für Arbeit	56
– Formen der Altersteilzeit	56
– Voraussetzungen bei den Beschäftigten	54
– Voraussetzungen beim Arbeitgeber	54
Arbeitnehmerüberlassung	66
– Besonderheiten im Konzern	67
– Gleichheit des Entgelts und der wesentlichen Arbeitsbedingungen	68
Arbeitszeitverkürzung	42
– Sozialplan	42
– Tarifvertrag	43
Aufsichtsrat	24
– Einsichtsrechte	26
– Prüfungsrecht	27
– Risikomanagement	26
– Überwachungsorgan	25
Auswahlrichtlinien	82, 101
– Auswahlrichtlinie und Punkteschema	105
– Inhalt	83
– Stellenausschreibung	106
– Stichpunkte für Qualifizierungsleistungen	103
– Struktur eines Transfer-Sozialplanes	108
– Vor- und Nachteile	83
– Voraussetzungen für personelle Maßnahmen	84
– Zumutbarkeitsregeln	107
Befristete Arbeitsverträge	58
– Befristung mit sachlichem Grund	59
– Befristung ohne sachlichen Grund	60
– besonderer Kündigungsschutz	61
– Checklisten/Übersichten	63
– gerichtliche Überprüfungsmöglichkeit	62
– Rechte der befristet Beschäftigten	60
Berater	20
Beschäftigungssicherung nach § 92a BetrVG	11
– Beratungsrecht	14
– individualrechtliche Komponente	15
– Initiativrecht	14
– Vorschlagsrecht	13
Betrieborganisatorisch eigenständigen Einheit (beE)	32
– Anspruchsdauer	33
– Sinn der beE	33
– Voraussetzungen	32
Betriebsänderung	17, 86
Einigungsstelle	23
Elternzeit	51
Erziehungsurlaub	51
Fördermöglichkeiten im SGB III	10
Informationsrecht	12
Initiativanträge	19
Initiativrecht	19
– allgemeines	19
– qualifiziertes	19
Interessenausgleich	9, 20, 88, 90
– Einstufung als „Vereinbarung"	90
– Inhalte	21, 88
– Namensliste	89
– Zielrichtungen	20
Kündigungen	80
– Widerspruchsgründe	80
Kündigungsarten	73
Kündigungsregeln	73
Kurzarbeitergeld	28
Monatsgespräche	19
Nachteilsausgleich	22, 90
Namensliste	79
Profiling	31, 32
Punktesystem zur Sozialauswahl	77
Qualifizierung als Schutz	16
Qualifizierungsmaßnahmen	16
– Aus-, Weiter- und Fortbildung	16
– Berufsbildungsbedarf	16
– Umschulung	16
Regelungsbeispiele/ Beispiele/Stichpunkte	111
– Auswahlrichtlinien	101
– Altersteilzeit	112
– Hilfen, Ansprechpartner, Anlaufstellen	117
– Transferagentur	111
– Widerspruchsschreiben bei Kündigungen	115
Sachverständige	20
SGB III	28, 41
– weitere Förderungsmöglichkeiten	41
Sozialauswahl	70, 75, 77
– geschützte Personen	76

Stichwortverzeichnis

Bezeichnung	Seite
– sozialen Kriterien	76
– vergleichbare Beschäftigte	75
– Namensliste	79
Sozialplan	9, 22, 92
– Abfindungen	96
– Bauchmethode	98
– Berechnungsverfahren	97
– beschäftigungsorientierte Maßnahmen	92
– Einigungsstelle	23
– gestaffelte Abfindungsformel	97
– Inhalte	93
– Kombinationsverfahren	100
– Kontrollorgane	95
– Punktesystem	99
– Sozialplaninhalte	22
– Standardformel	97
– Tabelle	99
– Transfersozialplan	94
– Treuhänder	95
– Ziele	92

Tarifvertrag zur Beschäftigungsförderung 9, 46
Tarifvertrag zur Beschäftigungssicherung 9, 43
Tarifvertrag zur Teilzeit 50
Teilzeit 47, 51
– Ablehnungsgründe 49
– Anspruch 48
– Elternzeit 51
– Job-Sharing 51
– kein Lohnverzicht 52
– Verbot der Diskriminierung 48
– Verteilung der Arbeitszeit 49
Transfer-/Qualifizierungsgesellschaften 34

Bezeichnung	Seite
Transfer-Sozialplan	109
Transferagentur	30
Transfergesellschaft	34
– Ablauf in einer Transfer-/Qualifizierungsgesellschaft	36
– Aufgaben	35
– Eingliederungsbeihilfen	38
– Finanzierung	37
– Gestaltung	36
– Zuschüsse	37
Transferkurzarbeitergeld	38
– Kosten für die Unternehmer	38
– Voraussetzungen	38

Unterlassungsanspruch 24
Unterscheidung „Betrieb/Unternehmen" 17

Versetzung 74, 69

Widerspruchsgründe 80
– Zumutbarkeitskriterien 69

Bezeichnung	Seite